中山出版
ZHONGSHAN PUBLISHING
香山承文脉 好书读百年

Hello，阜沙

何芷莹 文 严定婷 绘

SPM
南方出版传媒
广东人民出版社
·广州·

图书在版编目（CIP）数据

Hello，阜沙 / 何芷莹文；严定婷绘. -- 广州：广东人民出版社，2017.12

ISBN 978-7-218-12424-7

Ⅰ. ①H… Ⅱ. ①何… ②严… Ⅲ. ①乡镇－概况－中山 Ⅳ. ①K926.55

中国版本图书馆CIP数据核字(2017)第321783号

HELLO,FU SHA

Hello，阜沙 何芷莹 文 严定婷 绘

出 版 人：肖风华

责任编辑：李锐锋
特邀编辑：吴可量
装帧设计：蓝美华
封面设计：陈宝玉

统　　筹：广东人民出版社中山出版有限公司
执　　行：何腾江　吕斯敏
地　　址：中山市中山五路 1 号中山日报社 8 楼（邮编：528403）
电　　话：（0760）89882926　（0760）89882925

出版发行：广东人民出版社
地　　址：广州市大沙头四马路10号（邮编：510102）
电　　话：（020）83798714（总编室）
传　　真：（020）83780199
网　　址：http://www.gdpph.com
印　　刷：广东信源彩色印务有限公司
开　　本：787mm×1092mm　1/32
印　　张：4.875　　字　　数：45千
版　　次：2018年1月第1版　2018年1月第1次印刷
定　　价：25.00元

售书热线：（0760）88367862　邮购：（0760）89882925

总 序｜写画心中的城

都说现在是一个“看脸”的时代，手绘漫画图书的热销，就是标志之一。“轻阅读”的流行，正是时代发展的产物。与时俱进，我们打造了这套“Hello，中山”手绘漫画系列，一是让年轻人利用自己的地缘优势讲好“中山故事”，传播家乡传统文化；二是给年轻人机会出版作品，毕竟出书是一件严肃又庄重的事情，也是值得一辈子自豪的事情。

“Hello，中山”手绘漫画系列是一套开放式的选题，计划以每年出版一二十种新书的规模，以陆续出版、不断充实、不断丰富的方式，用若干年的时间，打造一套有规模、有品位、有传承力、有影响力的具有中山特色的原创手绘漫画书系。

作为“Hello，中山”手绘漫画系列的策划人，我期待中的这套书不止是巡礼式地给中山 24 个镇区各出一册，而是 N 册，同时扩充至其他领域，比如老字号、非物质文化遗产等，形成一套三五十册的较大规模，可较长时间立于中山人书架上的系列图书。所以，做好这一套图书，我们将坚持以下几点——

一是充分调动年轻人的积极性，邀请能写能画且熟悉中山的土著的非土著的年轻人加盟。2015 年 7 月出版的《Hello，石岐》作为“Hello，中山”手绘漫画系列的第一本，其作者是当地一所大学的应届毕业生，书稿其实就是两个年轻女孩子的毕业创作作品。在一次展览上，我们看中了书稿，于是拿过来出版。结果出版后，反响很好，于是我们又广罗人才，邀请了更多年轻人参照《Hello，石岐》的模式，给其他镇区画、写，慢慢积累，就有了 2016 年 8 月重磅推出的《Hello，石岐Ⅱ》《Hello，沙溪》《Hello，南朗》《Hello，神湾》等。我们的出发点很明确，就是让中山的年轻人用自己的视角和喜爱的方式来讲述中山的故事，这是一个全新看中山的角度，让他们不囿于传统的模式去审视自己熟悉的地方。年轻人也可以借用这种新的形式来发挥自己的才能。它不仅让中山人认识中山，还让中山人重新探索和思考中山，同时去发现一个不一样的中山。

二是强调了书稿的本土性和原创性。越是民族的，越是世界的。中山是伟人故里，具有 800 多年的历史，人文丰盈、历史深厚、自然优美，可写可画的东西很多。有一句话说，世界不是缺少美，而是缺少发现美的眼睛。“Hello，中山”手绘漫画系列鼓励年轻的画家、作家去发现中山人都未必知道的中山，这激发了年轻人的热情。许多作者反馈回来的信息是，如果不是绘、写自己的家乡，还真不知道自己的家乡有这么美。

三是坚持内容为王。按照目前的出版方向，一是以行政区域为主题，二是选择可入画的中山题材。就拿行政区域这一主题来说，在执行的过程中，很容易做成官方宣传资料，这明显偏离了我们的初衷。凡是将官方资料堆积在书稿里，我们一律要求作者重新写。要用自己的语言来写自己可亲可爱的家乡。读者之所以喜爱这套图书，主要原因不仅是形式上活泼，还有就是内容上新颖。可读性成为重中之重。

四是安排了得力编辑专心打造。“Hello，中山”手绘漫画系列的前期指导作者的工作量超乎想象，原因无外乎：作者都是没有写书、编书、出书的经验，这样的问题那样的问题，时不时要编辑回答；对家乡的重点历史人文、传统文化等拿捏不准。我们专门安排了两位责任编辑来负责，随时随地指导好这一批年轻作者，以期共同做好这一套书。同时，在排版设计上，紧紧跟随当下畅销书的风向标，大胆启用大腰封，力求与传统的装帧方式有所区别，以更贴近年轻人的心理要求。

五是着重打造品牌效应。一种品牌就是一种无形资产，我们立足中山将近 6 年时间了，一直强调品牌的影响力，也打造了一批诸如“中山客”“廉洁中山”“故事中山”等品牌图书，得到了读者的普遍认可。我想，品牌代表的是一种不可多得的美誉度、可信度，而这些才是真正的无价之宝。“Hello，中山”手绘漫画系列从一开始的策划就立足于品牌效应了，为此我们专门设计了这套书的 Logo、函套，还有手提袋，甚至还有它们的衍生产品——明信片、T 恤、茶杯等。目前，这套书的品牌效应慢慢凸显出来了，难能可贵。

出版是个小行业，而且我们是在中山这样的小地方做出版，难度可想而知。但是，文化是个大产业，前景一片光明。我们将按照广东人民出版社中山出版有限公司的出版宗旨——“香山承文脉，好书读百年”，全力把“Hello，中山”手绘漫画系列打造成为品牌图书。

广东人民出版社中山出版有限公司总经理 | 何腾江

目录

阜沙影剧院

前言

积沙成墟

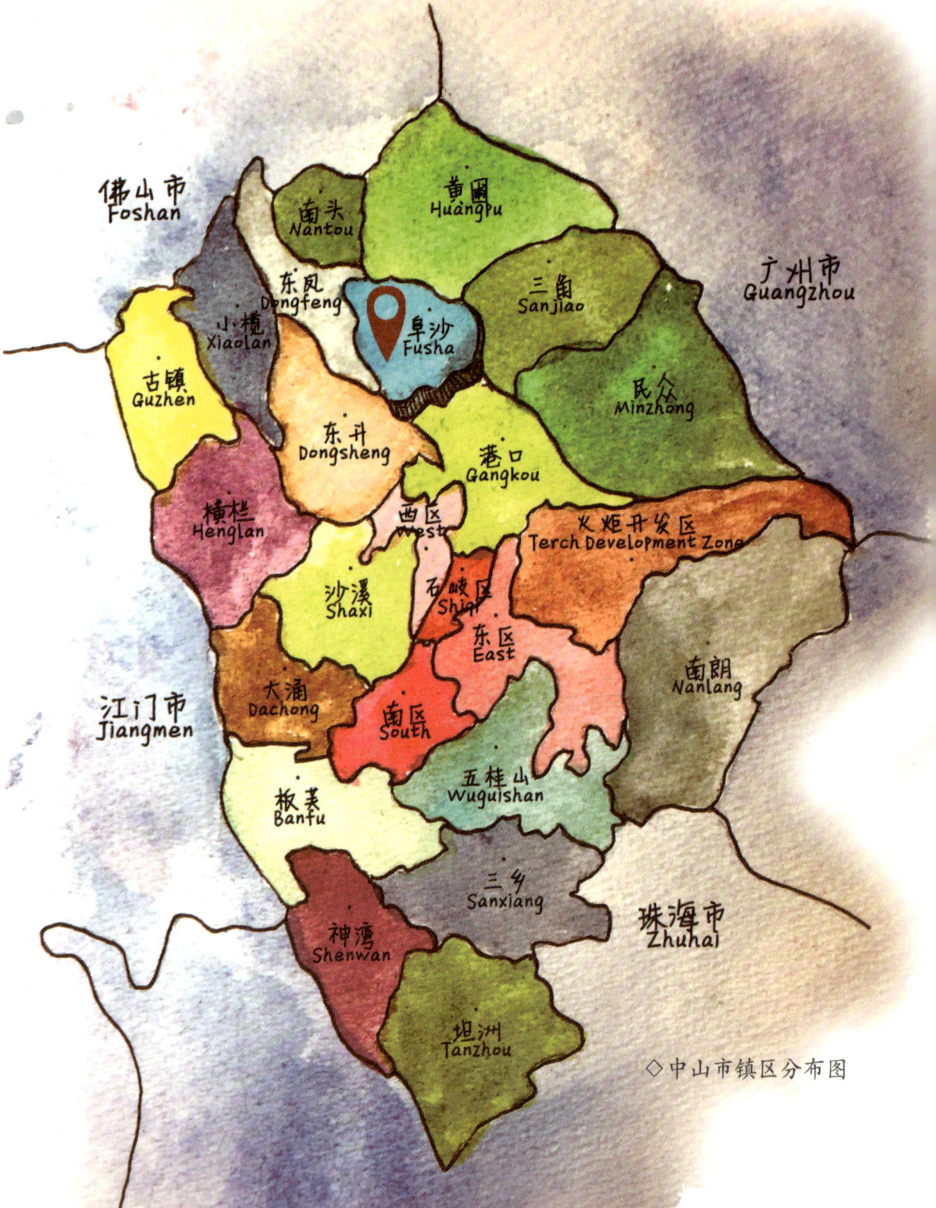
佛山市
Foshan
南头
Nantou
黄圃
Huangpu
东凤
Dongfeng
阜沙
Fusha
三角
Sanjiao
广州市
Guangzhou
小榄
Xiaolan
古镇
Guzhen
民众
Minzhong
东升
Dongsheng
港口
Gangkou
横栏
Henglan
西区
West
火炬开发区
Terch Development Zone
沙溪
Shaxi
石岐区
Shiqi
东区
East
南朗
Nanlang
大涌
Dachong
江门市
Jiangmen
南区
South
五桂山
Wuguishan
板芙
Banfu
三乡
Sanxiang
珠海市
Zhuhai
神湾
Shenwan
坦洲
Tanzhou

◇中山市镇区分布图

中山市，原名香山县。公元 1152 年设县，至今已有八百六十多年历史了。正如王世贞所说，百年那得更百年，今日还须爱今日。八百年弹指一挥间，见证了无数个春秋岁月。而阜沙镇地域原称浮墟，明末清初属香山县黄旗都，设浮墟汛。阜沙镇最早的记载便出自此。

“八百年香山，千载浮虚”，现在浮虚周围再也见不到海。但是沧海桑田，让我们看看历史。据先秦古籍《山海经》载：“南海有浮石山。”有中山的民俗学家认为，此浮石山就是阜沙镇的浮虚山。此言若真，浮虚山就已存在 1700 多年。

◇河流堆积

都说地球每天都有一点新变化。由于地壳运动，岩层慢慢升起与下降，上升部分形成高山，下降部分形成海床。姑且认为浮虚山是这个上升的部分。沧海桑田，岁月如梭，海浪拍打着浮虚石，也带来了各种沉积物。又受内外力作用的影响，浮虚山体被不停侵蚀与堆积。一千多年的岁月，使浮虚山前堆积成一个平原，孕育出无数条河流，形成浮虚原始的面貌。1952 年 12 月至 1953 年 1 月，由阜南村、抱沙村组建成阜沙乡，原浮墟段各乡合称阜沙片。阜沙，成为了官方名词。到了 1988 年，中山升格为地级市，阜沙镇正式建立，成为中山市辖镇。

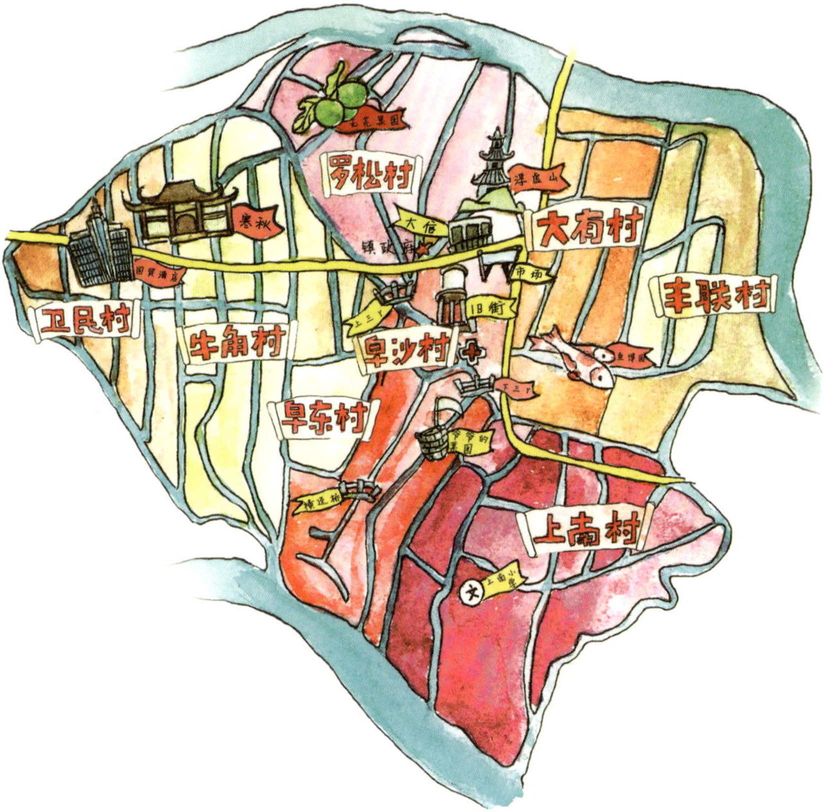
罗松村
浮虚山
大信
镇政府
国贸酒店
大有村
市场
旧街
上三丫
丰联村
卫民村
牛角村
阜沙村
下三丫
阜东村
爷爷的菜园
上南村
上南小学

◇阜沙村落分布

阜沙作为水乡，人们的衣食住行都与内地居民有所不同。同时，又与江南水乡有所不同。江南水乡以苏州、绍兴为代表，气候较温和，住宅规模和布局很有特色。而广东处于亚热带，气候炎热多雨。受历史的影响，江南的女子，吴侬软语，曼妙多姿，而广东人多干活麻利，所以你看到的广东水乡女子，走路行进速度较快，皮肤多了一层健康的蜜糖色。

住宅方面，阜沙亦有特色。一河两岸，绝大部分民居出门见水，几乎每家门外都有一个小小的埠头。主妇每日都在埠头洗衣、洗菜、淘米，来往的小船也可在这里停泊。这样的布局有利于水路运输的发展，对阜沙的经济建设有极大的便利。

在旧时的广东，道路两旁建有两层高的房屋，房屋第二层向外伸出部分，为行人遮风挡雨，这就是骑楼名字的来源。阜沙也有成片的骑楼片区，除了商铺外，每天有大量商贩沿街摆卖，好不热闹。

阜沙讲沙田话。沙田话主要分布在中山北部大部分地区以及南部的板芙、坦洲等地，是类似顺德话的方言，发音十分有特色。

作为一个讲沙田话的阜沙人，我在这片土地上度过了童年，十几年的时间相对于阜沙悠久的历史岁月来说真是小巫见大巫。但是，我却深爱着这片土地，因为这里存有我最美好的记忆，例如外婆用三轮车载我上学每天途经的旧街，以及有老婆婆摆卖嫩滑豆腐花的中心幼儿园门口。盛夏，路过鱼塘能听到一群鸭子嘎嘎叫；寒冬，花木场浇灌的水花在阳光的折射下形成彩虹。凡此种种，交织出美妙的乐章。

现在，就让我们翻到下一页，进入一个美好的世界，我将带着大家了解阜沙的风土人情，细细感受阜沙的韵味吧。

沿着旧街看历史

阜圩旧街

阜圩旧街，是阜沙唯一保留下来的有南洋风格的街道，是阜沙镇历史的见证。这里是沙田地名的集结地，是民国初年至20世纪90年代阜沙军事、政治、文化的中心。阜圩旧街始建于1946年，抗日战争期间曾被日军炸毁。抗战胜利后，阜沙人民仿造孙文步行街的样子，在这里建造了骑楼式商铺，前屋售货，后屋居住。走在这里会有一种穿越时光的错觉。因为这里见证了阜沙的变迁及历史的沿革，也见证了骑楼文化的衰落。这样的古建筑，无时无刻不徜徉着历史的气息，也承载了老一辈人的记忆。

◇宁静的旧街

从下三丫桥出发，往上游走五分钟，能看到水塔。再走十分钟，就能到达旧街。小时候，我就是坐着外婆的三轮车或者舅舅的自行车，穿过农场，然后沿着旧街来到旧街尽头的阜沙镇中心幼儿园上学的。以前，在这条路上能看到榨油店，凌晨三点钟就开门的早餐粥店，卖五毛钱两包辣味食品的杂货铺。现在这里还保留着传统的铁器店、孵化场、杂货铺和理发店。

慢步前进，淳朴的感觉扑面而来。旧街的主墙依然被漆上黄色。新漆的时候会让人耳目一新，而随风雨冲刷后会显示一种沧桑的韵味，这种韵味，更显文化特色。

◇街角的旧电箱

骑楼

作为一种典型的外廊式建筑物，最早可上溯到至今约 2500 年前希腊的“帕特农神庙”，那是雅典卫城的主体建筑。现代意义上的骑楼，最早起源于印度的贝尼亚普库尔，是英国殖民者首先建造的，称之为“廊房”。可挡避炎阳照射，造就凉爽环境，因为符合当地的气候而受到欢迎。随后这种欧式与东南亚特点结合的建筑传入我国华南地区，后屋居住能遮风挡雨，前屋售货又有利于经济的发展。阜沙镇浮圩大街仿制孙文路步行街的样式建造了阜沙镇第一条骑楼街，盛极一时。

古船厂

往河对岸看，能看到古船厂，水里还泡着一个一人合不围的木桩。木桩泡在水里，可以防腐防虫，而且还能保持木头的含水量，适合造船。这个船厂，曾经知名于阜沙、小榄、黄圃一带。不难想象当初此地的辉煌，上百名铸船工匠在这里忙碌着。虽是小规模船厂，却铸造出不少大型船只，很多目前还在鸦雀尾水道上服役呢。

关于船

在河道上航行的船大概分为两种：一种是 3 – 4 米长的小艇，由船工用一根三四米长的竹竿子纯手动撑船。在顺风顺水的时候船行进得很快，但并不十分安全。在以前，这种船主要用于代步或者从事简单的生产，例如打鱼。而现在看到的船，多数是机艇（汽油动力的船），一艘船大约长 9 米，船尾有操作室。由于是机动，船应对不同环境的可操作性更强。操作室后是非常狭小、长宽不到两米的起居室。夜晚，船家在甲板铺上被褥就能休息了。在阜沙，这种船通常是用来进行中长距离运输或者从事收购工作。

◇船厂遗址

铁器铺

旧街上还保留着两间打铁铺，门前都有一个打铁的铁炉，一张打铁用的石桌，旁边还摆放着待出售的产品。相比大机器生产的商品来说，这里的产品相对简单，如生产所需要的锄头、泥耙、小刀、斧头，生活需要的铲子、勺子、钩子、钉子等等。这些手工打制的铁器都十分耐用，把这些铁钉用于船只上，可以十几年不更换。

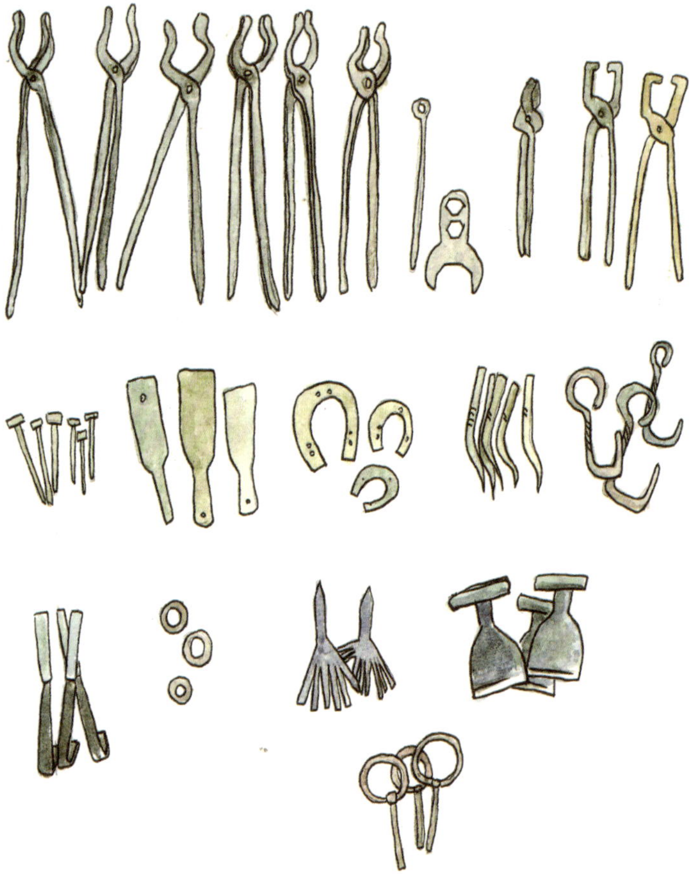

◇打铁用具和各种铁器

◇铁器铺

打铁是一种原始的锻造技术，其技艺看似简单，但绝对需要吃苦耐劳。古人云：天下三样苦，打铁、撑船、磨豆腐。在 20 世纪 80 年代的阜沙，打铁行业可是很吃香的。现在这两间铁器店仍然传承着这种原始的技术。打铁工将铁块放入门口的炉子中烧红，经过多次反复的敲打使铁块变成理想的状态。铁器店通常是夫妻或兄弟搭手，辛苦却其乐融融。

随着现在农村耕种的机械化，打铁铺的用武之地已越来越少。而这门手艺学起来太过辛苦，劳动强度又大，年轻人都不愿意学。不久的将来，打铁技艺也许会淡出历史舞台。

孵化店

站在孵化店门口感觉店铺有点阴暗，进去之后，目光完全被吸引到明亮而温暖的日光灯之下。小店的主人是一对夫妻，和善乐谈，一边工作一边和我们聊天。在聊天的过程中，男主人已经把快孵好的蛋从孵化箱中取出来了，女主人则铺开蛋，并小心翼翼地包裹工作台的边缘以防伤害到它们。这次，店家孵化出来的是小黄鸡。

不一会儿，一只只毛茸茸的可爱小鸡，摇晃着尾巴努力地从啄开的蛋壳里钻出来。先是小头，接着是翅膀、小腿、屁股。鸡宝宝出来后，男主人轻轻地把小鸡放进篓子，而女主人收起了蛋壳。孵化店的墙壁上排满了一篓篓刚出生的小宝宝，咿咿呀呀地唱起了交响曲。

孵化过程并不复杂，但是比较繁琐，需要十足的耐心。工作者需要将蛋放在日光灯下面照晒，每 1 – 2 个小时进行一次翻蛋，使蛋均匀受热。十几天，随着胚胎的逐渐成熟，就要进行凉蛋（即降温，从 40 多摄氏度降到 38 摄氏度，此温度适合孵化）。凉蛋的过程中也需要不停地翻蛋。

此过程需要 21 天，21 天后，期待已久的新生儿就诞生啦。

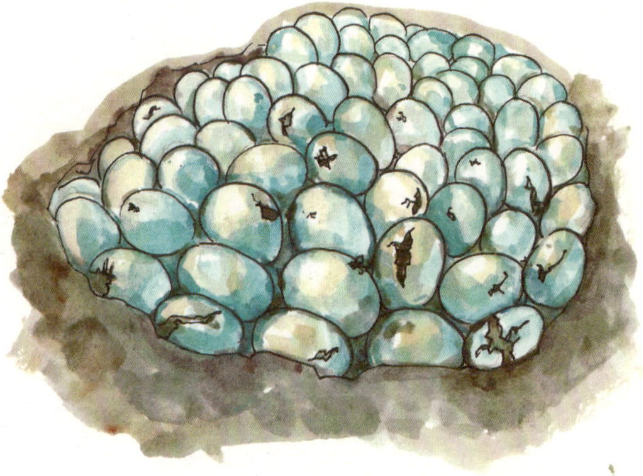

◇孵化出来的小鸡、小鸭

◇各式各样的捕鱼网和虾篓子

◇草帽

杂货铺

杂货铺门口摆放着各样的生产工具，像捕鱼网、捕虾篓、铁锹、浇水壶等。看似杂乱无章，实则井井有条。陈列架上摆放的是各种生活用品，小到牙签大到洗衣粉一应俱全。以前超市还没有兴起，这样的杂货铺顾客盈门，好不热闹。很多用品都可以在这样的店采购到。

可能这样的老式杂货铺和印象中许多铺子长得完全不一样，可是这里有各种城市找不到或许根本用不上的小物件。路过了，可以去帮衬（粤语为“光顾”之意）一下，买瓶水，看看捕鱼网。

曾经捕鱼网、小竹篓也是手工编织的，这类手工业者有个专门的名字：扎匠。小竹篓通常用粗细均匀的竹条编成，一根根竹条在扎匠手中穿梭，行云流水，一气呵成。而捕鱼网则是由鱼线慢慢编织而成，工序不复杂，却比竹篓费时得多。

◇杂货铺柜台

理发店

理发，阜沙话讲作“飞头”，外人听起来觉得毛骨悚然，可是阜沙人自古就习惯了这个讲法。来光顾的都是老一辈的熟客了，店主是老板兼任理发师傅。他铲头发的动作十分娴熟，一边理发还不忘和旁

◇河边理发店

◇ 老板不在的时候都会在门外挂上“休息”的牌子

◇理发店理发椅

◇河边的理发店内的摆设十分简单，一张椅子，一张桌子，再加上一面镜子

边的客人聊天。理发价格也十分亲民，只要五块。

借助推子、刮刀、剪子、梳子等简易工具，老师傅按照客人的要求轮番使用。不出 20 分钟，客人就面目一新，耳鼻舒畅。

木工店

走到旧街的尽头，能看见一家木工店。

据说木匠的祖师爷是鲁班。在 2500 年前我国的木匠手艺就已经相当辉煌了。我国的考古工作者曾在更早的古人类遗址上发现过木建筑的遗迹，证实那就是我国古建筑的雏形。

古代人生活生产工具以木制品为主，木制品应用于各个领域，因此木匠在古代一向是比较重要的职业。由于木工没有三到五年是学不成的，所以大家对木匠比较尊重。到了现在，由于水泥、金属和塑料的大量使用，再加上木料的减少，木制品逐渐被淘汰。木匠的重要性逐步被淡化，这个行业也逐步被边缘化。

◇木工店

◇木工正在制作木条

每次经过木工店，我都会被木料的香气迷住。这种味道来自大自然，是风、雨、阳光的杰作。门口摆满桌子、椅子、柜子等成品，尚待加工的木条也依靠在门边。木料的香气吸引我进屋一探究竟。只见木匠将一张木板切割成圆饼，在打磨机上刨出合适形状。说话间，木匠拿起锤子往木饼里钉钉子。连接四条木料，一张可爱的手工凳子就完成了。师傅说，只要涂上木油，这张凳子能用几十年呢。

承接加工棉胎

棉花店

在我小时候，每逢秋风起，路过这家店都会听到“嘭嘭嘭”的弹棉花的声音。弹棉花是体力活，没有强壮的身体是干不下来的。但是工匠很容易得腰肌劳损，现在基本没有人从事这个行当了。如今旧街保留下来的，只是位于阜圩大街 61 号的“精制家用棉胎”的门牌了。

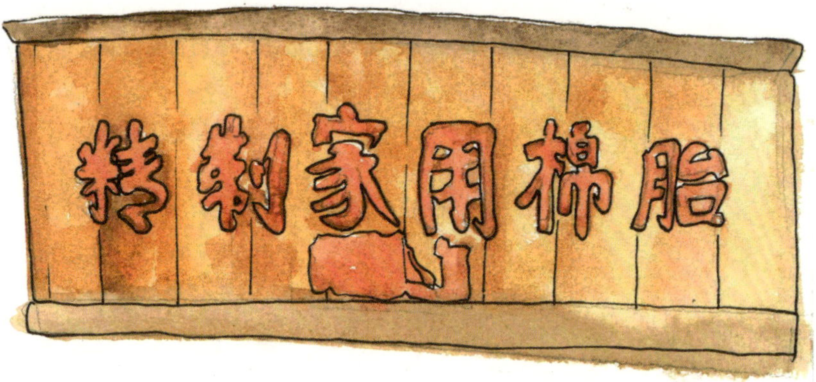

◇加工棉被门牌

◇修理店的门外就是一个简单的栅栏，上面写满了各种标语

修理店

现在东西坏了，多数人首先想到的就是换掉。但是在以前，一件小小的物件也会很珍惜。而电器在当时更显珍贵。这间修理店开在这里很久了，记得小时候外婆带着我把缝纫机送到这里来维修，修好之后再用小三轮车载回家。

每次漫步旧街，都有不一样的感受。在中山、广东乃至全国其他地方，打铁、人工孵化等记录着时代变迁的老行当，正渐渐消失于人们的视野里。这条旧街承载着我童年时代难以磨灭的美好记忆。

这些手工艺者是真正的艺术家，拥有可贵的匠人精神。匠人的工作平凡而不普通，向他们致敬。

◇旧街还有一家榨油店，店里堆放着榨油所用的花生等原材料

◇小吃店里摆卖着糖果、饼干等零食

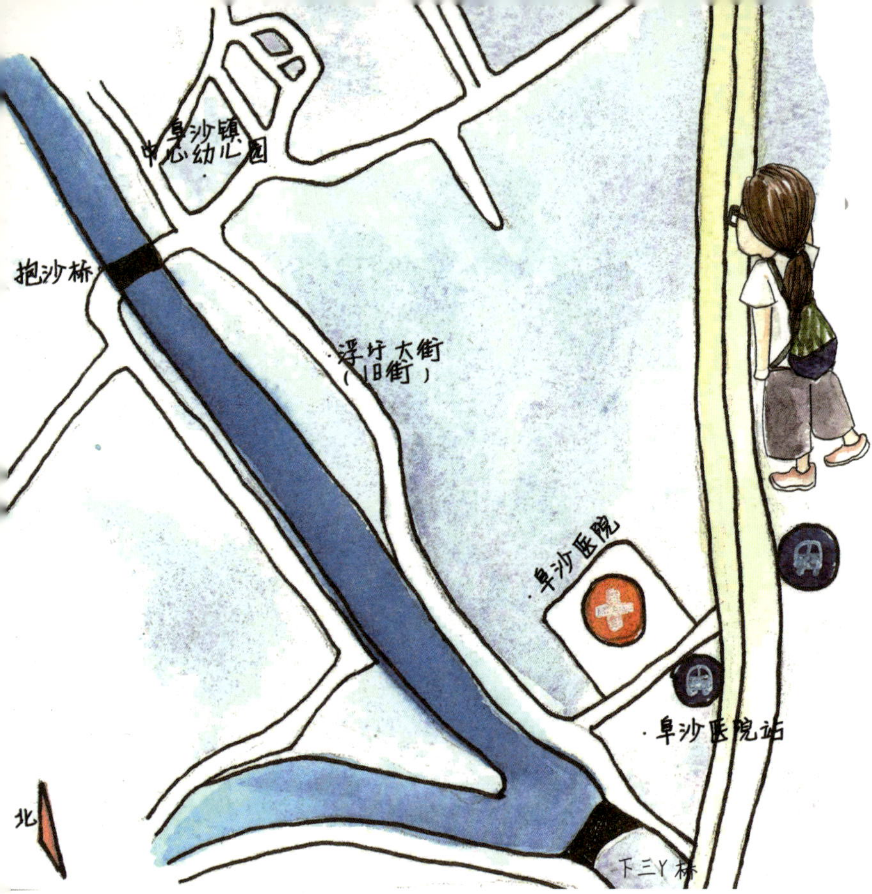

如何去

乘坐 205 路、370 路、512 路公交车在阜沙医院站下车，沿着新建街往里走 500 米，就能到达浮圩大街（旧街）。

迎着稻香看鱼跃

◇俯瞰水田

桑基鱼塘

在水乡阜沙，河流纵横。阜沙最出名的水道自然是鸦雀尾水道。纵横交错的小河里，闲游的小鱼成群结队。水上浮着水莲，像碧玉镶嵌在水道上。这些蜿蜒的小河，在昔日是船只穿梭来往各地的景象。现在河流两旁都修好了水泥路，一河两岸的交通更加便利了。现在这些道路大多变成了中山的绿道，沿着绿道骑行，能发现很多美景，如连绵不绝的鱼塘和金灿灿的稻田。

在珠三角，桑基鱼塘是很出名的。但在阜沙，更多的是豆棚瓜架、蔬畦蕉林所形成的菜基、果基鱼塘。基地上种满蔬菜，雨露均沾。落日的余晖映红片片鱼塘，塘中的增氧泵打出的水花给鱼塘增加很多生气。不时有草鱼跳起来，又回到水里，溅起阵阵水花。

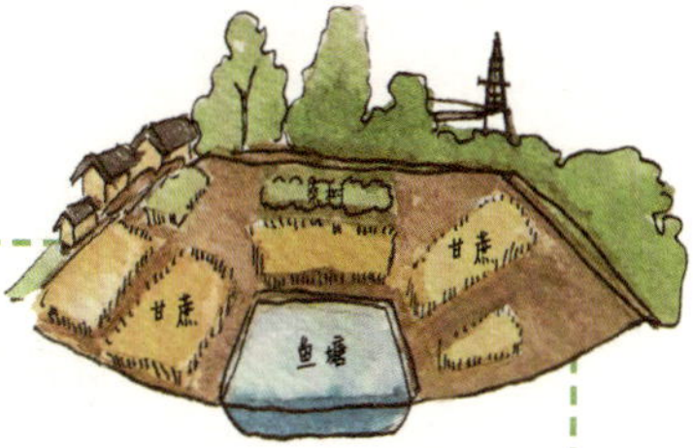

桑基鱼塘

桑基鱼塘是珠三角一种独具地方特色的农业生产形式，因其在生产上形成了生物资源的良性循环而闻名。珠江三角洲由珠江流水冲积而成，地处北回归线以南，赤道以北，全年气候温和，雨量充沛，日照时间长，土壤肥沃，盛产蚕桑、塘鱼和甘蔗。三角洲内河网密布，交通便利，自然条件优越。阜沙镇常见的是果基鱼塘、菜基鱼塘，是桑基因地制宜发展的一种表现形式。

我国公元前 11 世纪就有池塘养鱼的记录。唐代由单养鲤鱼发展成草鱼、青鱼、鲢鱼、鳙鱼等多种鱼类混养。至宋代，长江流域百姓将鱼苗进行饲养的技术已相当发达。明代中叶（15、16 世纪）珠江三角洲一带开始在鱼塘堤上栽种桑树、果树等，将养鱼和养蚕、农作物种植结合起来进行综合经营。

秋季鱼儿要上市的时候，塘边的水稻也要熟了。一边风吹稻浪，一边塘鱼跳跃，农村风光不正是这番美景吗?

◇鱼塘里的起居小棚

“鱼塘主”的一天

我的伯伯就是承包鱼塘养鱼的，阜沙话叫“耕塘”。征得了伯伯的同意，我和小球打算体验一天的“耕塘”生活。今天，我们俩就是“鱼塘主”。

4:30 起床出发。我带上我的 G-shock 手表来彰显本“鱼塘主”的霸气（小球白眼：别家鱼塘主戴的是几十万元的表，你这几百块的表也只能显摆给鱼看了）。

5:00 到达鱼塘。看见伯伯在割草，我们当然要上前帮忙。水草有两米高，草根直径超过一厘米，我割起草来略感吃力。但是，为了证明我是一个“三好青年”，不怕苦不怕累，区区一棵水草怎么能压

增氧泵

将空气压入水中，让空气中的氧气与水充分接触，以达到让部分氧气融入水中的作用，增加水中的含氧量，保证水中鱼类生长的需要。

倒我呢。我撸起袖子，和小球合力割草，并将草往水里扔。这是今天的第一次喂食。

伯伯告诉我，在我们来之前他已经把水里的陈草、残渣清除了，防止它们腐烂在水里影响水质。原来，一天的鱼塘生活要开始得更早。

5:58 日出前一小时，巡塘。现在是秋天，但在广东天气依然闷热，水温高，水质肥，塘鱼容易群集、受惊即沉。这个时候要加强巡逻。我们带上草帽，从小棚子出发，我往东走，小球往西走，这样能加快巡塘速度。我发现鱼儿们聚集在增氧泵的一旁，小嘴露出水面，大概是缺氧了。伯伯立刻跑回小棚，打开增氧泵给塘水补充氧气。增氧泵要开两到三个小时呢。增氧泵打出白白的水花，在晨光的照射下非常夺目。

7:00 活干完了，终于可以吃早餐了。今天的早餐是鱼蓉菜心粥，煮得糯糯的粥加入压碎的鱼肉和新鲜采摘的菜心，味道真是鲜美。

9:00 这个时间有点闲，不如去 Dun 鱼吧（Dun 鱼，阜沙讲钓鱼）。背着鱼竿和小竹篓，出发！在鱼塘旁边会有一些小坑，这些小坑地下有水管连接鱼塘，鱼塘需要泄洪的时候水就流入这里。所以，这里有趁乱逃出来的鱼。

◇挖蚯蚓

今天我要用纯天然的饵料——蚯蚓来钓鱼。香蕉树下的泥土比较湿润，应该能找到蚯蚓。拿出铲子挖开，真的有哎！当年舅舅教的挖蚯蚓技术没有浪费嘛。

蚯蚓分成几段，套在鱼钩上，一甩鱼竿，鱼钩就稳稳地落在水里。“怎样，我这鱼塘主当得有模有样吧？”我对小球说。“切，你钓到鱼再说吧。”小球一脸嫌弃地回答。看来，今天钓不到我就不回去了。

半个小时过去了，依然没有动静。不行啊，沉住气。

哎？鱼镖在动！再等等，等鱼上钩的时候要耐心，不能急。望着鱼镖渐渐下沉，就是这个时候了！“咻”的一声甩起鱼竿，然后慢慢把鱼拖到岸边，捞起来，并轻轻地在鱼嘴里取出鱼钩，放进桶里面。

“看吧，认识到我高超的垂钓技术了吧。”

“你厉害，你厉害。”

接下来我们又钓到了两条。我一条，小球一条。小球可高兴了，这是她第一次钓鱼呢。伯伯说通常第一次钓鱼的人都会钓到鱼。我第一次钓鱼的时候就钓到一条 16 斤重的大鲩鱼，差点把我拖进水里呢。

◇现摘的生菜

◇简易午餐

11:30 回到小棚，是我们一展厨艺的时候了。菜是需要现摘的，我拿着刀到旁边菜地去了。

吃过饭，再进行一次巡塘。

烈日高空照，太阳烤在皮肤上就像针刺。现在池塘里的水温也是很高的，要巡视鱼儿怕不怕因为太热而浮头，还要看看清晨投喂的草吃完没有。

太阳真的很烈，我走了五分钟已经开始冒汗，不得已加快脚步，巡视完回小棚歇着。

◇鸭棚

13:45 哎呀！刚刚忘记喂鸡和鸭子啦！要是把它们饿惨，就长不大了。鸭食其实很简单，要么是吃剩的米饭混合饲料，要么是将菜叶切碎混合饲料。我把鸭食一拿到鸭棚，它们就嘎嘎嘎地围上来准备抢食了。伯伯特意为鸭子建了个鸭棚，让鸭子可以在水里游泳，又可以通过小桥走到岸上散步。

14:00 伯伯给了我们一张 pH 试纸，要我们去测试一下塘水的水质。伯伯说，pH 值是水质的重要指标，一般控制在 7.0 到 8.5 之间。pH 值过高或过低，可能会造成鱼类的死亡。pH 值低于 6.5 容易使鱼患生理缺氧症，塘鱼会经常浮头。而 pH 值过高的水则可能腐蚀鱼的鳃部组织，使鱼失去呼吸能力而大批死亡。

◇PH试纸

小球小心地走下池塘，舀了一瓢水。试纸放进水中，呈墨绿色，测试结果是 7.5 左右，没有超标，水质正常。

伯伯再次打开了增氧泵，这次要开两个小时。

16:15 伯伯又从饲料棚搬出了一袋石灰粉，说要撒在池塘边和池水里。我和小球一脸不解。原来现在是鱼疾病高发期，各种细菌性、病毒性和寄生虫性病害都可能发生。临近上市，要是突发疾病将毁了一池好鱼。将生石灰进行水体的定期消毒工作，可以防止病害的发生。

于是小球推着 30 公斤重的石灰粉出发了。一路上，我用小瓢将石灰粉泼进水里。这泼洒真是个体力活呀，要泼得远，还要快速完成任务。没几分钟我就累趴了，这鱼塘主真的不好当呀。于是我俩互换角色。

30 分钟之后，终于完成了，累得连拿起一杯水的力气都没有了。

17:00 还没歇够五分钟，又得去干活了，给鱼儿喂食。

伯伯把我带到一个平台上，说要在这里喂鱼。哎，怎么和之前方式不同呢？原来，这是个投喂平台，前面那个方方正正的是投喂机。把 30 公斤重的混合饲料倒进投喂机里，加上水，机子就能自动搅拌，并且会定时定量喷出饲料，投喂塘鱼。

这个机子对我们来说简直太新奇了。我一个人把 30 公斤的鱼饲料扛了起来，倒进了投喂机中。投喂机喷出饲料，立即就有鱼游过来了。鱼越来越多，机子喷出的速度也越来越快。没想到，现在的养鱼技术越来越先进了。

◇投喂机

◇晚霞下的鱼塘

到了秋天，就是收获鱼儿的季节。时隔两个月，我再次回到伯伯的鱼塘。这次，我化身成算数小助手， 帮伯伯算收上来的鱼。

只见水里有序地插着数枝竹竿，竹竿下方缠绕着渔网。渔网要放置在池塘的底部，工人拉紧渔网的边缘，一步一步往上提。生猛的塘鱼在网内挣扎，激起阵阵水花。

收上来的鱼按大小区分并过称。我就是在秤旁边计算每一筐鱼的个头大小、尾数以及重量。别以为工作轻松，同时上来几网鱼，会手忙脚乱。

称完重量，就要将鱼放入蓝色的带有原塘水的鱼桶里，运往菜市场、餐馆销售。偶尔鱼桶里还会放少量的冰块，保证鱼儿的鲜活。

稻花香里说丰年

鱼塘旁边，就有稻田。阜沙的水稻通常种两茬。秋天塘鱼上市后，鱼塘就会休耕至春天。春天，万物复苏的季节，人们把已经出芽的稻谷种子播撒到鱼塘里，由于塘泥较肥，营养物质较多，稻秧出得快，长得齐，不久就能长出绿油油的秧苗。农民下地把秧苗收齐并捆扎好，运输到了田里，就能插秧了。

我小时候就跟随外婆下田插过秧。外婆先撸起我的裤腿和袖子，在我的手和腿涂上药膏，穿上水鞋，说是防止血吸虫叮咬。接着，我就下地了。踩在泥里，感受凉凉的土地，深一脚浅一脚地往前进。因为都是淤泥，行进有点缓慢。期间遇见了隔壁的梁奶奶，还向我打趣着："哎，小胖妹终于下田干活了，牛公可以歇着啦。"

我左手拿着秧苗，学着外婆的样子往田里插秧。右手从左手秧苗中分一小份出来，大概 3、4 根左右，并且用食指和中指钳住秧苗的根部将其插入泥土中。外婆很详细地一边给我讲插秧步骤，一边依然不停地插秧。我插完第一束，往后退一步插第二束。秧苗和秧苗的间距大约是 15 厘米宽，还要保持秧苗的竖立。

20 分钟，我终于插完一排了。打算插第二排的时候，一个踉跄，我摔倒了。不远处的外公、外婆都在笑我呢，我也跟着笑了。我觉着在田里摔倒也是好玩的，因为泥土软软的摔不疼。

插完一片土地下来，腰会很酸，腿也会软。回想起来，仍能感受到当年纯手工劳作的辛苦。

7、8 月份，稻子满满变黄，走在田基上，听着风吹稻浪发出沙沙

◇收割稻谷

◇种田的过程

◇地里常见的各类蔬菜

的声音，加上鱼塘增氧泵的打水声，这种不加人工雕琢的乐音更引人欢喜。

9月，水稻成熟了，我又可以下田玩耍了。此时的田地已经干爽，走起来方便很多。我左手扶着稻子根部，右手拿着镰刀，手起刀落，往水稻底部割去。哎，怎么没有外婆割的顺畅？一定是刀子不够锋利，那好，我回去换把刀子。再来，怎么还是不行？后来，请教了外婆才知道，镰刀真正发挥作用的是刀头，要从刀柄位置顺着刀刃往前施力，刀子往后拉，这样就可以收割到水稻了。

水稻割下来，还要经过打谷、晾晒、脱衣等过程，才能成为我们餐桌上每日必备的米饭，“谁知盘中餐，粒粒皆辛苦”，说得一点都没错。

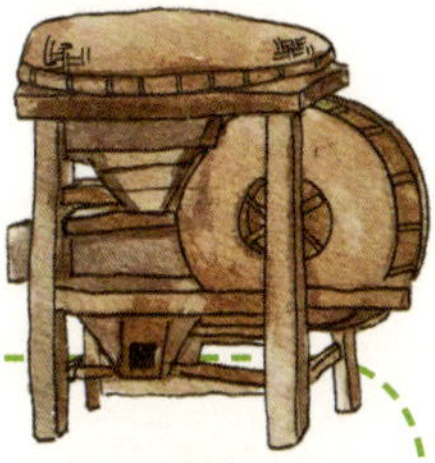

打谷：将整棵的稻子放进打谷机里搅拌，使稻梗和谷子分离，得到谷子。这一步通常在田间完成。

晾晒：将打好的谷子摊到地上晾晒，期间不停用耙子翻谷，使水分蒸发均匀。

脱衣：这时要用到碾米机，能将稻谷一次碾成白米，谷壳（俗称米糠）与大米自动分离。米糠可以用作肥料、猪饲料等。

◇油菜花田

浮虚公园

览全景

浮虚山

“北有蓬莱，南有浮虚。” 浮虚山，原为古伶仃洋中的一个孤岛。据《大清一统志》中记载：“浮虚海在香山县北七十里，亦曰横江（今阜沙人称为‘横迳’），自新会县分流，东经大黄圃、小黄圃，曰倒流海，东南经浮虚山，曰浮虚海。”而岛上坐落的正是浮虚山。

相传浮虚山面对的是一片浮虚海，古代浮虚海是一片广阔的海域，中部和东部水域生活着很多鱼类、虾类等海产品，引来无数渔船在此作业。放到现在，肯定有无数“吃货”在这里觅食啊。西部水域，有客商货船停泊。这里更是香火鼎盛，香客络绎不绝。沧海桑田，堆沙成洲，形成了现在的阜沙地。

◇浮虚山牌坊

映入眼前的是一座牌坊，正中是中山名人欧初老先生书写的“浮虚山”。旁边的一副对联“浮山古迹千年瑞彩辉殷阜”“虚谷春涛十里银河聚锦沙”，生动点出千年阜虚的历史底蕴。

“山不在高，有仙则名。”浮虚山牌坊往前走几步就能看到这篇《浮虚山序》。2004年再版的《中国历史地名大辞典》中记载：“浮虚山，又名浮石山，在今广东中山市东北（古代）海中。”而宋代邓光荐亦写有《浮虚山记略》。

接着映入眼帘的就是放生池，池旁安放着神兽麒麟，保佑阜沙片区风调雨顺。

◇放生池神兽石雕

◇紫荆楼梯

“浮虚春涛”能作为“香山八景”之首，必有它的过人之处。每个季节爬浮虚山，都能看到不一样的美。

春天，是万物复苏的季节。而浮虚山主干道两旁种的宫粉紫荆，会在每年的3月后陆续开放。此时鲜花烂漫，微风一过，粉红花雨，洒满路旁。此刻的浮虚山，就被一抹粉色簇拥着，其中点缀着淡淡的新绿，真是让人心旷神怡。看不了武汉樱花，来浮虚山感受一下紫荆雨也是不错的选择。宫粉紫荆的灿然开放，让3月的浮虚山多了几分柔情。

夏季，可以来浮虚山避暑。这里的植被覆盖率很高，我和小球一路从山脚走上来，空气中弥漫阵阵樟树香气，每呼吸一口气都是满满的负离子呢。大汗已经打湿了背，坐在树荫下休息，一阵凉爽的清风吹来，之前爬山的辛苦完全抛诸脑后。捡一片大榕树叶子扇扇风，眺望远处满满的一片墨绿，心情十分舒畅。

宫粉紫荆

也叫洋紫荆，花色有粉、桃红、白三色。喜阳光，多种植于热带、亚热带湿润微酸性且排水性较好的土壤中。叶子呈羊蹄形状。花期欣赏价值大，树皮鞣料和染料，花芽、嫩叶、幼果可作蔬菜，树皮、花、根能入药，木材适于精木工，藤材可作木碗、笔筒及工艺品。

香樟树

香樟树是常绿大乔木，高可达 30 米，直径可达 3 米，树冠呈卵形。枝、叶及木材均有樟脑气味。树皮黄褐色，有不规则的纵裂，是优良的绿化树、行道树及庭荫树，能驱蚊蝇，能耐短期水淹。

路旁的香樟树总让人心旷神怡。我觉得香樟有一股特别的味道，像青柠，又不似青柠的酸涩。似橙子，又少了橙子的甜腻。走在香樟路，阳光打亮树叶，清新而自然。

◇黄花风铃

过了 10 月，树叶慢慢变黄掉落，我才觉得广东的秋天来了。而阜沙树最多的地方当然就是浮虚山。树叶中的营养被汲取干后会变得干干脆脆的，树叶满地。踩在落叶上，发出“沙沙沙”的响声。这时回归童趣，和秋天来一次对话，心情自然变好。

冬日里，我们更应该迎着阳光去爬山了。脱去厚重的外衣，背上装满零食的行囊，顺着修缮好的山路往上走到哈福楼、姻缘广场等地方。我全身暖洋洋，一身寒气早已被驱散出去。坐下来吃点零食，喝点热水。在冬天慵懒惯了，浮虚山畔安宁而静谧，让人身心舒畅。

四季自然环境会变，但是山上的休闲亭子、游览景点是不会变的哦。

姻缘广场

姻缘广场位于山谷，从浮虚牌坊走十分钟就能到达。听到姻缘广场，大多数人都以为是为男女青年牵红线找对象的地方，其实不然。这里摆放着观音像，供百姓上香祈福。

登上山，亦能看到金灿灿的观音菩萨，这是阜沙最大的观音像。每年农历二月十九日、六月十九日、九月十九日，都是“观音诞”，有大型的普佛活动。而重阳前后，来姻缘广场的游人更多，香火更甚。祈福的内容通常是希望观音菩萨慈力加被，遇难呈祥，逢凶化吉，身心康泰，家庭和睦，事业发达。

在平时，也有很多家长带着孩子到广场打羽毛球、小憩。

浮虚宝鼎

沿着石龙雕刻缓缓向上，就是浮虚宝鼎。此宝鼎于 2009 年建成，是广东第二大鼎，三足鼎立，以青铜铸造，整重十三余吨，气势恢弘磅礴。鼎下方有一则《浮虚宝鼎铭》，记录着三足鼎的缘由以及浮虚宝鼎的建造意义。看完《浮虚宝鼎铭》，才知道这个鼎寓意着阜沙镇的风调雨顺，繁荣昌盛。

会赢楼

这座楼从外面看五彩斑斓，以正红色为主色。入口上方的牌匾呈蓝色并镶金边，用金色的字体写着“会赢楼”三个大字，整体风格大气。沿楼梯盘旋而上，能看到远处东阜大桥的全貌，还能远眺黄圃镇和阜沙镇的美景。

东阜大桥

东阜大桥长 794.74 米，宽 15 米，是 1993 年由东凤镇和阜沙镇共同出资兴建的大桥。东阜大桥横跨鸡鸦水道，是连通阜沙镇、黄圃镇、三角镇的交通枢纽，对两岸百姓的出行有极大的便利。

文昌塔

移步换景，顺着登山道往上走，就能到达位于浮虚山另外一个山头的文昌塔。古人重视文昌，在许多地方都建有文昌塔，浮虚山也不例外。文昌，原意属星官名，即常说的“文曲星”或“文星”，也有称“文昌帝君”，主读书功名事业等。“文星”向来深受文人崇拜，所以，登上文昌塔，讨个好彩头，登峰造极指日可待啦。

元兴塔

这里是浮墟山公园的最高峰，在阜沙的大街小巷几乎都能看到元兴塔，晚上的时候这里还会亮起彩灯。依稀记得我 11 岁那年元兴塔首次亮灯，我在外婆家看到暖黄色的灯光兴奋极了。

元兴塔有七层，是传统的八角八门塔，第一层的每个门口都会有一副对联。我对正门的对联印象最为深刻，上联：万里浮槎通玉宇，下联：一支斑管照金墟。原来这副对联写的是浮墟胜景啊。

周边游地：开阜古井、观音堂。

坐落于阜沙村 1 队长兴街的观音堂，重建于清道光三年（1823 年），至今仍香火鼎盛。庙堂后面有一棵榕树，据说是明朝驻军停靠码头所在的标志，现仍枝繁叶茂。长兴街中段有一口井，传说是开村时的古井，至今已有二百多年历史，以前村民的饮用水都来自这里。现多作洗涤之用。浮虚山脚这么多历史古迹，怎么不去逛一下呢？

如何去

地址：阜沙镇福永路

浮虚山坐落在镇中心，地理位置十分优越，坐 205 路公交车到阜沙市场站下车，往前走一段路，就能到达浮虚山公园。

夏历里的人文温情

在阜沙镇，很多活动依然用农历计时，如“二五八”趁墟、社头烧衣等等。几百年形成的人文规律，深深印在阜沙百姓的脑海里。

趁墟

每逢农历的初二、初五、初八、十二、十五、十八、二十二、二十五、二十八，在阜沙中心市场都会有墟市，称为阜沙墟。阜沙的墟市通常只摆早上，所以又称为墟朝。赶集的过程称为趁墟。小时候，我就跟着外公外婆来趁墟，感受热闹的市井文化。

很久之前我就和小球说要带她去趁墟，但是每次都因为各种原因而不了了之。这一天，一时兴起带小球回阜沙趁墟去了。趁墟也可以是一次说走就走的旅行。

在公交车上，我向小球介绍了阜沙墟的情况。以前的阜沙墟位于旧街，是周围村落的农民、小工、商贩交易的场所，他们以自己的农副产品交换日常生活用品。墟朝结束后，人们各回各家。渐渐地，商业在这里发展起来，旧街也形成了新的居民点。另外还有一条街，叫牛角直街，是镇上第二大墟市。一到墟日，狭长的街道便是人头涌动，熙熙攘攘。

随着阜沙市场的建成，墟市就搬到阜沙市场，但是旧街依然把商铺保留下来。

墟市

在宋代的乡村已经有较为广泛的发展。不少地区仍称这种集市为草市，两广地区称为墟市。乡村集市都有固定的日期，古籍说“岭南村墟聚落，间日会集裨贩，谓之虚市”。

到了阜沙市场站下车，已经看到很多沿街摆卖的小贩。他们贩卖的通常是自家种的农产品，有蔬菜、水果等。水果售卖较多的是龙眼、芒果和黄皮，这三种都是热带、亚热带水果。阜沙镇很多家庭都会在庭院种植，自家吃不完就拿到墟市上销售。

◇玉米摊子

◇卖葡萄的小货车

◇墟市上出售的小鸟

◇各种腌制食品

往市场里面走，就更热闹了。这里更多的是一车车的水果。小货车箱装满芒果、葡萄、苹果。水果新鲜，价格很实惠。这条街被市民称为水果街，因沿街多摆卖水果而闻名。

小球对市场前广场的帐篷非常感兴趣呢，我们快步走过去一探究竟。帐篷摆放整齐，里面大致被分为服饰、生活用品、干货、花鸟、蔬果生鲜等几个大区。

先吸引我们的是卖雀仔（粤语，小鸟的意思）的帐篷。小鸟叽叽地叫着，活蹦乱跳，超可爱。这些摊位通常能吸引小孩子的驻足围观。

接着看到一对卖椰子的夫妇，摊位前围着一大圈买椰子的顾客。夫妇二人在帐篷里削着椰子，早已汗流浃背，还好旁边有一部小风扇，

◇卖椰子的夫妇在给客人削椰子

◇卖椰子的夫妇早已汗流浃背

使他们凉快不少。只见店家手起刀落，快速削掉椰子的头，剥掉叶子丝络，凿开一个小孔，把椰子水倒入袋子，小孩子就可以拿着边走边喝。老板将椰子肉取出装好给顾客，拿回家可以做椰子炖鸡、椰子糖水、榨椰子汁等。

◇雪梨摊档

接着，我被一辆卖雪梨的三轮车吸引过去。雪梨个大饱满，看着就觉得好吃，而且十块钱就有三斤雪梨，价格实惠。在挑拣的过程中，老板看到小球手中的相机，以为我们是电视台的记者，要求我们给他的雪梨拍两张漂亮的照片，为他好好宣传。我对老板说，酒香不怕巷子深，这么好的梨子，无需多宣传也能卖光啦。我买了一大袋，回家后迫不及待削皮吃了起来，真的是又甜又多汁。

在趁墟的两个多小时里，小球一次一次不断按下快门。这里的人文情怀浓郁，商贩们也非常热情。小球拿着相机记录，经常被商贩邀请一起拍照呢。

上面所讲的墟市泛指“天光墟”，就是天微微亮就开始有商贩前来摆墟。现在的天光墟摆摊时间从以前的天亮后三四个小时延长到中午，迎合了像我这种“赖床星人”。

而另外还有一种墟市，叫“灯光墟”。灯光墟就是晚上的墟市，贩售杂货、衣服、食品、电器零件、游戏机等，是百姓休闲生活的重要场所之一。趁墟过程中会碰见“古董”，孰真孰假就各自斟酌啦。对于“吃货”，灯光墟最吸引人的就是宵夜一条街。烤串、麻辣烫各式小吃应有尽有，保证吃得肚子圆鼓鼓。

阜沙墟闻名遐迩，不光阜沙人喜欢逛，连周边的黄圃人、东凤人、港口人都会慕名而来。这是一个淘宝之地，在淘宝之外多了一番人情味的地方。陪着家人逛墟市，是最棒的休闲活动。

◇墟市上出售的鲜花

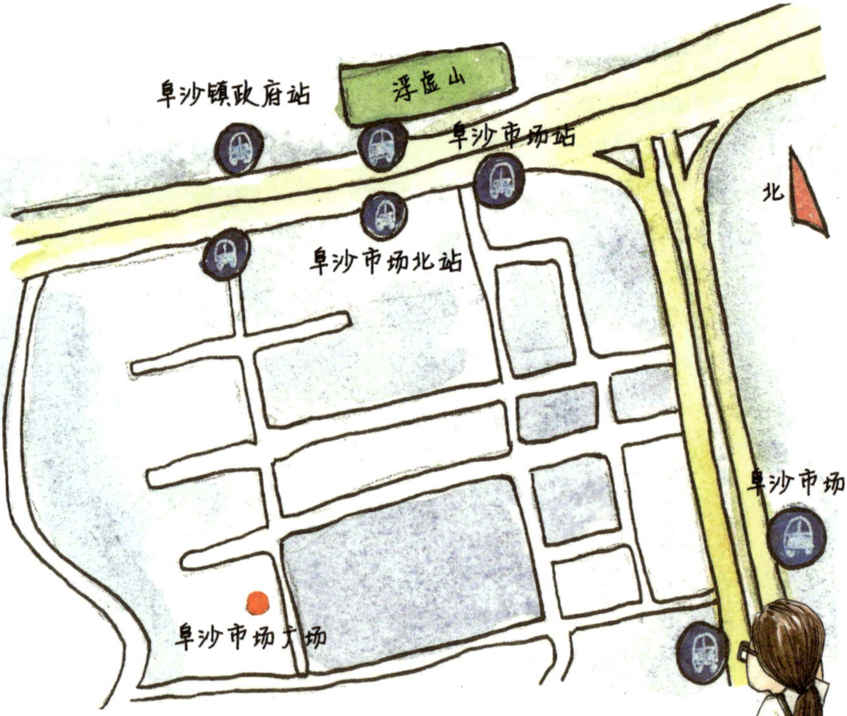

如何去

乘坐 205,203 路公交车在阜沙市场北站下车，或乘坐 512 路公交车在阜沙市场站或阜沙镇政府站下车，就能到达阜沙商业广场。

社头烧衣

另一个用农历计时的活动，就是社头烧衣。

每年农历七月十四前后，阜沙镇社祠都会举办社头烧衣活动。有河流的地方就有社祠，据初步统计，阜沙大大小小的社祠就有100多座。所以我和小球在阜沙采风的时候看到许多不一样的社祠。

社祠对于阜沙百姓来说是很重要的。它不是庙宇，也不是宗祠，而是维系亲情、民情的民间信仰活动场所。在阜沙有人居住的地方就

◇小社头

◇文塔

◇神台

有社祠。外公告诉我，在民国时期，每一个社只要向村里申请，就可以建立一个社祠，这个“社”其实相当于现在的一条街、一个小区。有了社祠，村民之间无形中形成凝聚力，有利于村的治理。

现在，社祠活动更加丰富多彩。各个社祠村民都会自发出钱出力举行各种活动、庆典。热心乡贤更是不遗余力捐资成立爱心基金会，用于爱老敬老、修桥铺路或资助贫困家庭学生，形成了深厚的社祠文化。

我外公所在的阜沙村长联社，最近就举行了社头烧衣活动。

◇人们相继到社头上香敬拜

◇小孩子拿着祈福用的风车

小球问我，什么是社头烧衣。简单来讲，社头等于社祠，烧衣是一种通过点香、烧纸钱等进行的祭祀活动。现在很多年轻人、中年人都在外工作，通过社头烧衣，可以给村民提供一个聚会的机会。这些活动小孩子和65岁以上老人是不用出钱的，体现了尊老爱幼的精神。年轻人可以出钱承包一桌子菜，这样家人就能在这里大快朵颐了，还可以邀请朋友前来体验一下“围餐”的乐趣呢。

活动以宴席方式进行，开饭前可以去社祠上一炷香。

小球又问，这样的宴席在哪里举行呢？长联社祠前有几棵大榕树，而且最近又修葺了长堤古渡和休闲平台，为社头烧衣活动提供了很好的场地。搭上遮阳棚，摆上桌子，村民们就可以坐着吃大餐啦。

◇大厨在准备着宴席的美食

我是“好奇宝宝”，当然不会乖乖等开饭了，我要去看看围餐的制作过程。

伙夫会用砖块砌两到三个灶台，里面摆满柴火，灶台上放一口直径有一米长的大锅。这种灶台非常考验厨师掌握火候的程度，因为一口大锅要炒 48 桌的菜，每一下翻炒都需要功力呢。

我在炒锅旁边发现了一根竖起的扫帚。为什么做饭的旁边会有扫帚？我一脸疑惑。厨师告诉我，这是涮锅用的。做饭之前已经将新扫帚消毒、清洗过了，它现在的作用就是涮锅，不作其他的用途。炒锅大且深，用扫帚可以省不少力气呢。

厨师炒菜的姿势非常霸气，不停地用力翻炒着锅中的食材。这一锅炒的是酸甜咕噜肉，厨师将事先炸好的肉回锅，加入橙色的酸甜酱、

◇厨师炒菜的姿势非常霸气

◇灶台旁摆放着
准备好的食材

◇家中的晚辈在给社头上香

子姜翻炒，顿时空气中一阵甜香弥漫开来。阳光透过叶子照射在咕噜肉上，感觉整盘美味都散发着光芒。我想，这道菜一定很美味。

另一旁的帮工在处理等一会要上锅蒸的鳝鱼。他将洗干净的鳝鱼用刀切成连着的小段，再抹上用油、豆豉、糖、盐、蒜蓉等调制的酱汁，一圈一圈地盘在圆盘中。后面还有人在切烧肉。帮工将一大块烧得酥脆的烧肉切成小块，码放在铁碟子中，看着我流口水啦。

开饭前，是传统的“头炮”拍卖。起拍价是吉利的数字 488 元，乡贤们希望对社祠捐多点香油钱和讨个好彩头，不断竞价，最终以 1888 元成交。吃饭过程中也有不少物品拍卖，例如吉祥摆件、学习用品、柴米油盐套组等，都是希望孩子们学业有成、大人们工作顺利。拍卖所得的钱也用于社祠的建设。

头炮

在农村，开饭前都有点鞭炮的传统。头炮就是在社祠前点的第一串鞭炮，头炮一响就意味着开饭了。高价拍得头炮，寓意生意兴隆，家人身体健康。

◇大头佛带领舞狮为表演热场

吃完饭后就是期待已久的粤剧表演。我在幼儿园的时候就很喜欢跟着外婆去看粤剧，虽然唱的内容一句没听懂，但是五颜六色的表演服装却深深吸引了我。首先出场的是一个穿橙色衣服的丑角，两撇胡子随着丑角唱戏一颤一颤，甚是可爱。坐在舞台两旁的是乐队。敲锣鼓的领奏者是一位女掌板，她安坐于戏台的左侧，专心打着节奏，用锣鼓点为观众营造气氛。

粤剧

粤剧，又称“广东大戏”或者“大戏”，是汉族传统戏曲之一，源自南戏，流行于岭南等粤人聚居地。自明朝嘉靖年间开始在广东、广西出现，是糅合唱念做打、乐师配乐、戏台服饰、抽象形体的表演艺术。粤剧每一个行当都有各自独特的服饰打扮。

◇身穿橙色戏服的丑角在进行着表演

◇女掌板用锣鼓点为观众营造气氛

表演开始前我悄悄溜到幕后打探。最吸引我的是演员们的妆容。老倌们照着镜子化妆，浓脂厚粉，但是所用化妆品比较简单。他们先用布条扎紧头发，并拉紧脸部皮肤，再用白色颜料画个底稿，然后用其他颜色填补发鬓、眼部等。

粤剧是传统曲，随时代的变迁，年轻人对粤剧的了解越来越少。距我上次看粤剧已经有十年了。我希望还有机会看粤剧演出。

骑着单车找吃的

◇绿道

一河两岸工程的建设，令阜沙变得越来越干净、整洁。干净的河岸又增添了很多单车绿道，几乎每个阜沙家庭门前都有绿道。顺着绿道走，我们不仅能看到很多美景，还能吃到很多好吃的东西。就让我们踩着单车，沿着绿道，找吃的去吧。

炸薯片

从阜沙中心幼儿园正门左边的小路进去300米，有一家家常小吃店，家喻户晓却没有名字。

这间店最出名的就是炸薯片了，大个的红薯切成薄片，裹上糯米粉和粘米粉开的面糊，就可以下油锅炸了。出锅后稍微晾凉再撒上一些椒盐，红薯的甜配上椒盐的香，松脆可口。当然，这里的鱼蛋、豆腐串也煮得很入味，搭配上店主自制的酱汁又是另一番风味。

◇炸螃蜞

◇鱼蛋和豆腐串

我读幼儿园的时候舅舅每天都来接我放学，每次都会来这里买上一片炸薯片，这时我就会乖乖坐在自行车后座上不再话痨了。这间炸串店已有二十多年历史，现在依然保留着我记忆中童年的味道。我和小球同学买了五块钱炸薯片，吃得太过瘾了。我们还买了一份新产品——炸螃蜞，炸得酥脆的外壳也能吃，里面的蟹黄也是很甘香。此小吃仅夏秋专供。

地址 阜沙镇中心幼儿园旁（民建路与长安街交接处）

蟛蜞

淡水产小型蟹类，学名相手蟹。乡下人称它为蟛蜞。头胸甲略呈方形，体宽 2–3 厘米，背呈青褐色，足无毛，大爪特粗，盖内有黄。主要穴居于江河口处的岸滩、沟渠等处的洞穴中或栖息在靠近大海的滩涂湿地的芦苇丛里。

◇薯片的制作过程

炸薯片做法

①红薯削皮切成薄片。

②和面。糯米粉、面粉比例 1:1，加适量水调成水炸粉。

③大火烧热油，红薯裹炸粉入锅，炸粉呈金黄色，红薯浮起即可捞出。

④撒上椒盐、辣椒粉即可食用。

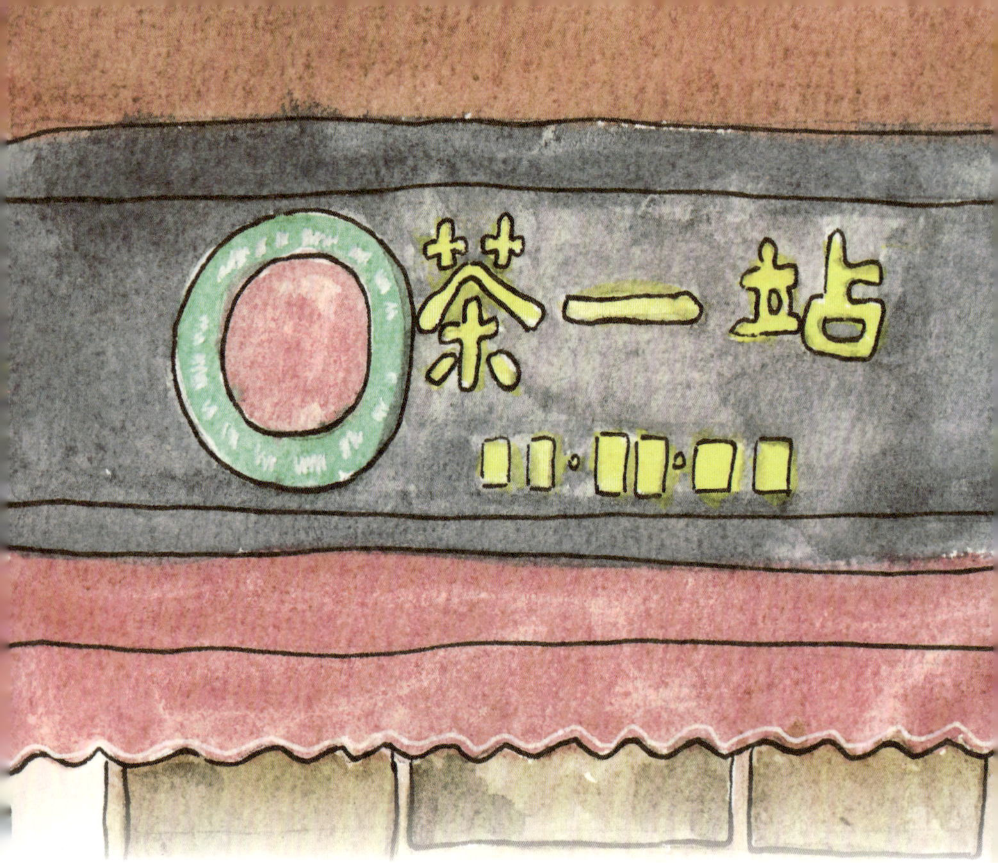

茶一站

茶一站位于阜沙镇天盛花园楼下，是年轻人比较喜欢的一间咖啡厅。这里有两层楼，我们喜欢上二楼的卡座沙发，安静舒适。

茶一站的出品尚好，价格公道实惠。我最喜欢这里的百香果多多，酸酸的，在大夏天喝上一大杯心情都会开朗多了。小球喜欢喝咖啡，每次来都会点卡布奇诺或者拿铁。光喝东西多无聊啊，配上小吃才是正道。我就很喜欢点猪扒公仔面，美味不说，饱腹感超级强。

这里还供应酒水，晚上可以约上三五知己来畅聊，小酌一杯。

这里餐牌第一页有个温馨提示：本列车到站时间为晚上 23:30，请旅客携带好随身物品，准备下车，欢迎再次乘坐。谢谢！这样的餐牌超级可爱，看来店主是个很有情趣的人哦。

地址 阜沙镇天盛花园 104 号

◇百香果多多

◇公仔面

◇卡布奇诺咖啡

来就发农庄

到来就发农庄可以有好几条路线，可以从上三丫桥过来，也可以顺着阜沙绿道从农田小路过来，一路上欣赏路边的鱼塘、田园风光，来到东闸桥，拐个弯就到了。

别小看这间农庄其貌不扬，可是内有乾坤呢。进门两边有个蓄水池，池里面养了好几条鱼。店主说，这个鱼池意在给塘鱼瘦身，撇掉塘鱼身上的泥味，烹饪起来味道会更好。另外，这里的醉鹅可是沙田水乡烹饪大赛十佳菜品之一，味道非常棒。

作为无肉不欢的“吃货”，我们一坐下就点了一只“栋企鸡”。

“栋企”，阜沙话是站起来的意思，也就是说这是一只站起来的烤鸡。把鸡竖起来烤利于均匀受热，使表皮更加爽脆，肉质更加嫩滑。小球向我投来崇拜的眼光。没办法，作为资深“吃货”，烹饪知识我最叻！哈哈！

不一会儿，菜就上桌了。我们一人手撕一只鸡腿，肉质好嫩滑，皮包裹着超级多的汁。一只鸡腿让我满血复活！再来一口无污染的上汤时蔬，简直再满足不过了。

地址　阜沙镇阜东村东胜西路 a1 号

◇大盘鱼

◇栋企鹅

◇自养鱼池

如何去

驾车沿阜沙大道行驶至上三丫桥，然后沿万阜三街由北向南行驶，就可达到来就发农庄。

兆记大排档

兆记大排档位于阜沙医院旁边，主营煲仔饭，装潢很有特色。说是大排档，却与普通大排档大有不同，屋里屋外的墙壁上挂满了各种名人肖像和珍贵木匾。

大排档门口挂着一副木对联，上联“家齐国治”，下联“民和年丰”，横批“喝水不忘挖井人”，看来店家对历史的感悟是挺深的。这间店的选位超级棒，店门对出就是旧街的水塔。店家在水塔下方挂着钟，还在水塔底部种上了植物，这又是另一番风味。整间店被榕树的绿荫遮盖着，夏日的夜晚，在这里享用一个煲仔饭，一定十分惬意。

还没走进餐馆，远远就能闻到很香的饭焦味。焦而不糊，这是检验煲仔饭是否正宗好吃的标准之一。别以为煲仔饭低档，猪肝，瘦肉，肉饼，鸡肉，塘鲺，腊鸭，排骨，十几种肉类，任君搭配，有“选择困难症”的客人能犹豫十几分钟呢。

我最喜欢吃腊鸭鸡肉饭。腊鸭的咸香配上新鲜走地鸡的鲜甜，一口肉一口饭，简直完美。米饭也很讲究，小农沾米和糯米混合，煮饭之前加少许油拌过，烹煮的时候火候控制得当，米粒粒分明，还形成了脆脆的饭焦（锅巴），吃起来非常香。

◇美味的煲仔饭

◇将小农沾米与糯米混合并拌入适量花生油，这样做出的煲仔饭更加好吃

◇做煲仔饭的火炉有七八个炉头，能同时做出多份煲仔饭

◇腊鸭鸡肉煲仔饭

腊鸭鸡肉煲仔饭做法

①小农沾米、糯米 9:1 混合，拌入适量花生油。

②煲仔中加入米，水没过米面，盖上盖子大火烧开。

③煲中冒热气，转小火焖两分钟后揭盖放入腊鸭、鸡肉（可换其他肉）。

④盖上盖子继续焖煮至米饭熟透，撒入葱花即可出炉。

地址 阜沙医院旁（新建街与旧街交汇处）

自然丰农庄

这间位于大有村的农庄，环境优雅，空气清新。一大片竹林建筑坐落在荷花池旁，夏天长满了出淤泥而不染的荷花，在这里吃饭能闻到阵阵荷香呢。

这里的火龙鱼、菊花宴、荷花宴都非常出名。第一次品尝以菊花为主的鲜花宴，我们感觉新奇特别期待。

先上桌的是老鸭煲的老火汤，当中洒满了菊花，老鸭配菊花，清热下火。据了解，食用的菊花采用白莲羹、黄连羹两个品种。厨师每天早上都会在菊花园摘取带露水的花瓣，确保菊花新鲜甜美。这里的菊花煎蛋造型奇特，菊花鱼饼香味悠久，菊花椰子浸鸡中菊花和椰子相辅相成，相得益彰。这么丰富的菊花宴，你也值得尝试。

◇火龙鱼

看到旁边顾客一桌的菜，我的口水又快忍不住了。旁桌点的是火龙鱼，这是用四斤以上的罗非鱼炖煮成的，上桌后，在锅边喷洒上整整二瓶的九江双蒸酒，让鱼在熊熊的火龙中浴火重生。经过酒精火浴后，鱼中所有的泥土味和腥味完全去掉，鱼肉入口异常鲜美。看着我渴望的眼神，小球说，下次我们再来品尝一下火龙鱼的滋味吧。

菊花煎蛋做法

1. 食用菊花浸泡切碎。

2. 将鸡蛋打进装有菊花的碗，加适量盐和胡椒粉搅拌均匀。

3. 锅内加适量油烧热，将蛋液倒入锅里，小火慢慢煎。煎好后翻过来再煎另一面，撒上葱花即可呈盘。

金一云吞馆

金一云吞馆最早开在阜沙市场内，我小时候就经常让外婆买云吞回家自己煮。表弟说现在它在阜沙中心幼儿园对面开了家分店，早餐时很多人光顾。我和小球起了个大早，特意去吃一碗云吞面。

这里的虾仁云吞面是我最喜欢的。小小的一粒云吞里面包裹着大大只的虾仁，加上新鲜剁好的肉馅，柔嫩多汁。难怪我表弟表妹每天都想来这里吃早餐呢。

◇鲜虾云吞面

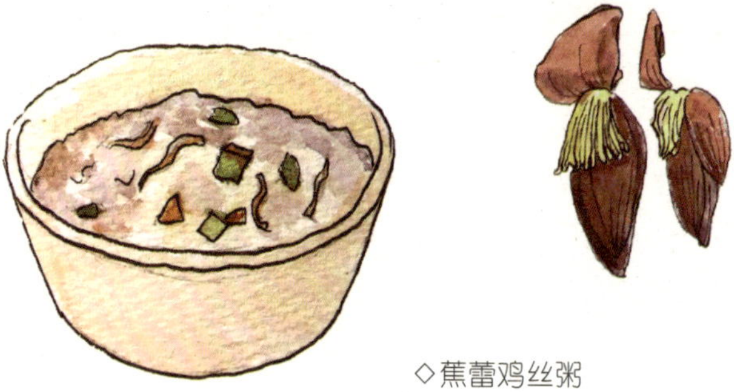

◇蕉蕾鸡丝粥

蕉蕾粥是阜沙地道的一款家常粥。蕉蕾含有大量维生素以及丰富的纤维素，可去油减肥，有解湿毒，治便秘，解酒美容等功效。

蕉蕾鸡丝粥是阜沙比较出名的粥品，几乎每个家庭都会做，不过像我这样的懒人，吃一碗粥还是会到大排档去的。在阜沙中心小学右边有好几家大排档，其中都少不了有蕉蕾鸡丝粥。

蕉蕾鸡丝粥做法

1. 蕉蕾剥掉红色外壳，只用里面白色最嫩的部分。

2. 鸡半只。米淘洗干净。

3. 砂锅内冷水烧开后放入米和鸡煮45分钟。

4. （※重要）蕉蕾切细丝，用盐搓洗2次，再用盐水浸泡30分钟。

5. 鸡肉捞出放凉，把鸡肉顺纹路撕下来，然后把鸡架子和鸡肉丝放进粥里，继续煲。

6. 蕉蕾挤干水分，待砂锅中米化开，成粥，黏稠，再加入已挤水的蕉蕾丝。

7. 粥再次滚开即可。

波士顿餐厅

波士顿餐厅是阜沙为数不多的高大上西餐厅。平时可以来这里聚会，周末还有自助餐，牛扒出品很不错哦。

不过我要介绍的是这里实惠却好吃的下午茶。下午茶套餐都在 20 元以内，有西式茶点，也有中式粉面。奶茶好喝，入口顺滑浓郁，非常棒。

地址　阜沙镇聚富街 18 号

这里有个博物馆

寒秋博物馆

在阜沙国贸酒店下车，从卫民加油站旁边的小路往里走，就能看见寒秋博物馆。我们按照指示牌来到寒秋博物馆的大门口，立刻被雄伟的双龙大门吸引住。上面的雕刻十分精美，鸟兽、木石、花鸟一应俱全。

◇寒秋博物馆的正门

在我的印象中，博物馆是一个能与商业区、行政区分开，独立于办公、居住空间，并且能和本土文化结合起来的场所。而寒秋博物馆，不但是传统意义上的博物馆，还是一个文化产业园。它占地面积三万平方米，融合休闲、文化、餐饮、文物古玩于一身，让人们在艺术的维度进行欣赏，在玩乐中感受文化的变迁。整个博物馆的构建结合多座建筑，有来自清代的瓦市勾栏，也有明代二品官院。主办方力图在古建筑内陈设展品，营造一种公共空间。

我们买完门票走了进去。这里真的非常宽阔，左边是一个休闲垂钓区，要是我姨父来到这里一定“鱼瘾”上身，垂钓上一天呢。

此刻吸引我们的是位于正前方的清朝大宅院。宅院牌匾写着“映辉梨园”，看来院里是一个戏院。右手边还停放着马车，让我有种穿越感，仿佛我是清朝的大户人家，家丁驾着马车送我来此处听戏。走入其中，就像走入了电视剧中的场景，一派富贵气象的格局。

◇侧面外墙

◇飘角飞檐

整个大宅院为徽派建筑，建于清朝，是收藏家蒋寒秋先生于江西买下并整体搬迁过来的，一砖一瓦、一梁一柱都凝聚着工匠的匠心。建筑主体全是木质结构，精致的榫卯工艺让我感受到古代建筑的巧夺天工。木梁上雕龙画凤，甚是精美。飘角飞檐，彰显了徽派建筑的奢华精致。青砖墙、石板地，古色古香的装饰，使我顿生思古之幽情。八柱框架承托的门楼，双层伞罩亭台，玲珑剔透的人物花鸟瑞兽木件雕文刻镂，栩栩如生，让人叹为观止。

徽派建筑

徽派建筑是汉代传统建筑的一个流派，流行于浙江、江西等地区。明清时期，浙江“东阳帮”工匠按东阳民居建筑的基本模式建造了大量的徽州民居，并由此形成了独特的地域文化。这种建筑多数坐北朝南，屋内采光甚好。房屋用砖、木组成，榫卯技艺的运用是其他派别所少有的。徽派建筑精美，配有奢华的园林，从前是权贵的象征，如今则具有极高的观赏价值。

◇门口停放的仿古马车

据馆长蒋寒秋先生介绍，这是一个清代大戏院。过去徽州、江西地区称之为“戏台”。江西素有“戏曲之乡”的美誉，现江西依然保留很多古戏台。当年蒋先生不下十次前往吉安商谈大戏院修缮保护事宜，经过漫长的商讨终于买下一座，并雇请当地手工艺人修葺。为了后续迁移问题，工匠将故宅拆下并编号，大戏院作整体迁移。

2013 年 10 月，清代大戏院的主体结构在阜沙开始组装。在两台大型吊机的协助下，二十几名江西工匠和阜沙本地工匠通力合作，20 天时间，这个庞然大物的主体初步完成。

站在大宅院的中央，正前面就是戏台了，当年名旦名角们在上面唱戏，台下的观众拍手称绝的场面仿佛就在眼前。左边和右边是一个长廊，摆放着蒋先生从各地收藏回来的书画、木雕。

◇荷花池中的荷花

走出大宅院，左边是寒舍饭庄。这里的出品全是无公害私房菜，想要品尝到特色菜肴，需要提前预约。

在寒舍饭庄的另一边，有一个荷花池。现在一片碧绿，相信在不久的将来会开出漂亮的荷花，风中定会夹杂荷花的清香。到了秋收的季节，或许能长出莲藕。

离开大宅院，穿过长廊，我们顺着指引来到民俗博物馆。这里亦是一幢明代古建筑。以古藏古，作为民俗博物馆的建筑是明朝的二品官院，搬离原址后之后保留原貌，进行了缩建。这是一种“四水归堂”式的建筑，廊间屋里收藏着各式藏品。

四水归堂建筑

即住宅屋面雨水集于天井，“堂”谓阶前。此建筑结合干阑式建筑和北方四合院，尊卑有序，内外有别。外围有高墙围闭，内有天井，各种窗户满足采光和通风需要。

走马楼

走马楼是南方民居建筑中一种特有的建筑形式，是四周都有走廊可通行的楼屋，甚至骑马也可以在里面畅行无阻。

老宅分为两层，楼梯两侧有廊屋间，楼层间有环绕全宅的走马楼。不愧是官宅，正屋的木桩有双手合抱之粗。门窗隔扇、栏杆都经过了精心的设计和处理，体现出原屋主较高的审美情趣。往里走就是天井。天井能使老宅冬暖夏凉，又增加了美观性。

馆内收藏了许多专项性的文物，展品专且精，分区域展览。藏品有圣旨、古籍、名人字画等纸质藏品，也有牌匾、古家具等木质藏品，青铜器、冷兵器等政治军事用品，衡量器、陶艺品等生产用品，手摇式缝纫机、电话机、留声机等近现代生活用品。样样都是精品，看得我们眼花缭乱。此馆的展品具有很高的研究、收藏价值，对我研究历史有很大的帮助，看来以后我要多来这里学习。

◇馆藏精美的手风琴

◇展馆收藏的各式各样的电话机

电话机

作为“凝固之声”的电话机，是人类迈向信息时代的一大步。民俗博物馆收藏着磁石式电话机、共电式电话机、拨盘式电话机、脉冲按键式电话机。以前的电话机非常昂贵，只有大户人家才使用得起。

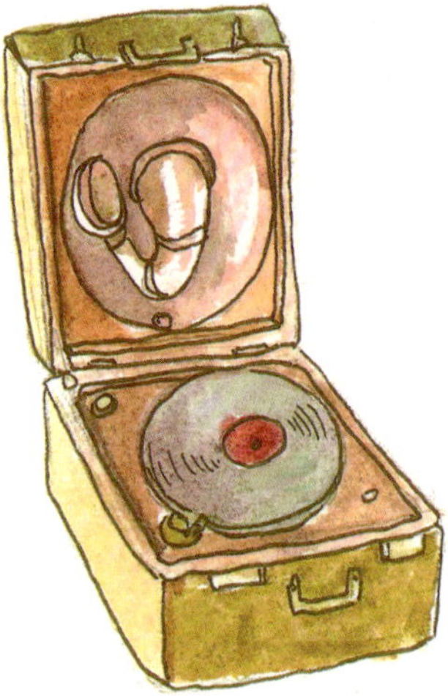

◇展馆收藏的旧式留声机

留声机

留声机是由美国发明家爱迪生于 1877 年发明的，相对来说，年代越久远的留声机的收藏价值也越高。博物馆收藏了十几部不同年代的留声机，收藏难度可想而知。

花朵形状的大喇叭是留声机的标志。看到“大喇叭留声机”，年代感十足。

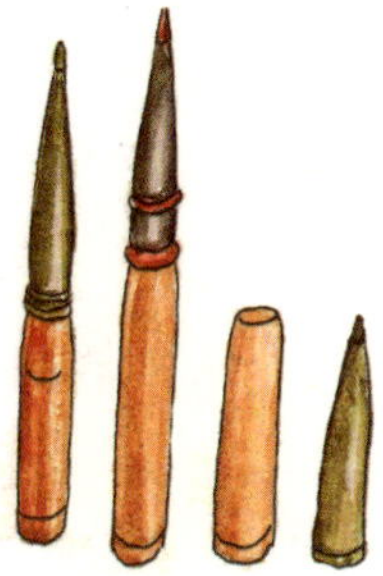

◇兵器

民俗博物馆还收藏了大量近代使用过的兵器。

整个寒秋博物馆，凝聚了蒋寒秋先生和工匠们的匠心，一砖一瓦都来之不易。这里是中山民间十大私人收藏馆之一，当中的历史价值不容小觑。戏如人生，人生如戏。这里是一出中国古建筑文化的独角戏，波澜壮阔，却独具风格。

地址　中山市阜沙镇东阜路（广珠西线 S43 高速路出口旁）

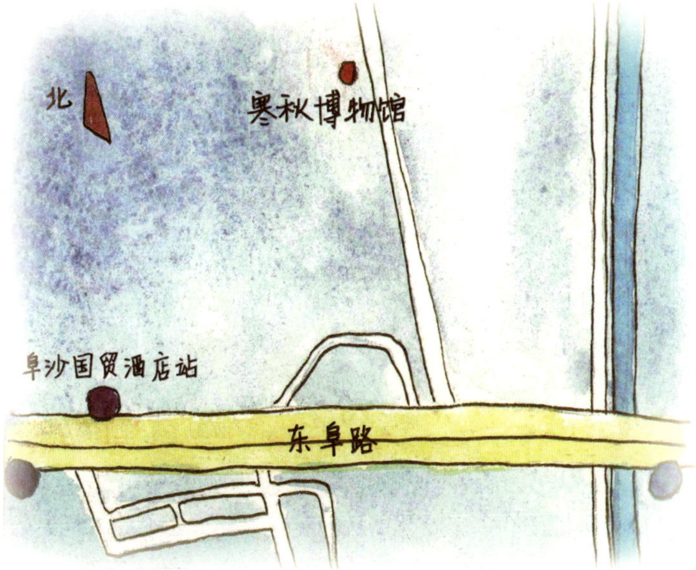

水网上的故事

开身

“开身”，意思是动身、启程的意思。在阜沙，“开身”是指开船进行收购香蕉、大米、废品，或者从事远距离打鱼的工作。从事这类工作的人，叫“艇仔工”。

这一行业的形成，是由水乡这一内部环境决定的。正如重庆山多，就有了“担担”；泰山多山路，就有了“挑山工”；阜沙水网密布，自然会出现“艇仔工”。

在阜沙，“开身”这个行业大概兴起于20世纪90年代初，由于当时的阜沙没什么工业，公路运输也不太发达，从石岐去阜沙的路也只有阜港公路一条。但是阜沙河网密布，水路运输发达，几乎每家每户都有船，所以船是常用的交通工具，“开身”便由此流行开来。

◇停靠在岸边的机船，上面杂乱的堆放着船主收购回来的废品

“开身”这个活，主要活跃在顺德、番禺、中山一带，这一带的艇仔工沿河流吆喝，收购烂铜、烂铁、旧电池、旧家电，还有吆喝收购大米、香蕉、蕉蕾等。岸上的人们要是有东西要售卖就会向船家招手，然后双方谈价钱、称重、付钱，这样就能完成交易。我在外婆的带领下，卖过一次香蕉，那是我第一次上这种非人力的艇，听到船“啵—啵—啵”地响，着实让我兴奋了一会。我帮外婆把两大束香蕉搬到船上，看着艇仔工将香蕉过秤，然后把香蕉摆放好。外婆收好钱，我兴奋地跳下船，在埠头望着艇仔远去。

依稀记得外公也有一艘小船，船尾搭了个小蓬。但是在我印象中，外公的这艘小船不是用来开身的，而是纯粹自用。我对于这艘船的记忆，就是外公摇啊摇，把我送到民众镇的舅公家喝喜酒。

◇收购香蕉的小艇

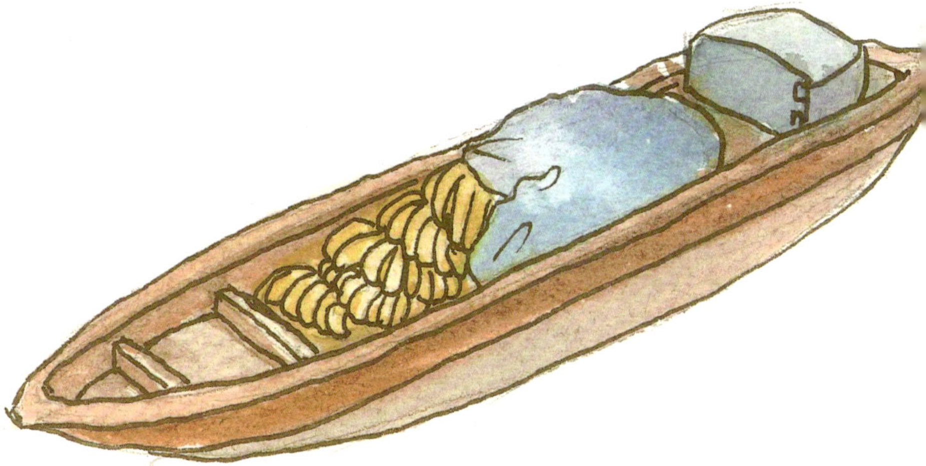

蕉的区别

香蕉：香蕉味香甜，是我们常见的香蕉类型。富含营养，终年可收获，所以在阜沙种植广泛。

大蕉：又名芭蕉，果柄较长，果皮稍薄，呈灰黄色，比香蕉大且肚子较肥，味道酸甜，适合做炸香蕉。

粉蕉：果肉有起沙状，味道香甜，比香蕉、大蕉体型小得多。

横迳桥

近代史上，阜沙河道中曾经有个浮墟站，它在西江航运史上有重要的作用。从民国时期到新中国成立初年，石岐与黄圃往来的船只，特别是运粮食的船队，都必经浮墟站；从石岐北往广州和东往南沙方向的客轮上标明了途经“浮墟站”；甚至中山往广东肇庆、广西梧州的客船同样有在浮墟站上下客人。随着连接阜沙镇、东凤镇和半个港口镇的五乡联围建成后，浮墟站的水道交通作用才渐渐消失。而位于阜沙村第三组的横迳渡口却始终在货运和客运上扮演着重要的角色，随着时代的发展，横迳渡口已经建成水泥码头，渡船也改为铁质机船。

横迳不只有横迳渡口，还有横迳桥。横迳桥为简单的沙石结构单拱桥。桥墩镶嵌在两边的堤坝上，有利于桥梁的稳固。桥上的护栏则是沙石方柱。桥两边的空洞不仅仅是装饰，更起到分散桥面压力、减少建筑用料的作用。桥面平坦，便于行人来往，也便于车辆通行。拱顶虽高，却便于桥下行船。

在以前，这座桥是鸦雀尾水道横泾段上唯一的一座桥，对两岸的沟通起促进作用。我小时候也是通过这座桥往来于位于桥两端的奶奶家和阿姨家。

现在，走在桥上还能感受到儿时的旧时光。这座单拱桥，最漂亮、最气派的时候要数落日时分，此时桥与其在水中的倒影组成一个大大的圆饼，夕阳在上方，倒影在下方，交相辉映，给人一种亲切、自然、质朴的美。旧时我很喜欢坐在桥旁小卖部门前的石凳上，摇着手中的大葵扇，偶尔听着老人们与撑船穿过桥底的熟人打招呼。再看着渐渐落下的夕阳，甚美。没错，我的童年记忆非常漂亮。

◇晚饭后，坐在河岸边，无比惬意

◇映照在落日余晖中的水乡

上三丫桥

为了找这座桥，我和小球走了两万步，一跃成为当日微信运动好友排名前二呢。连高德地图都用上了，最终在第三个路人的指引下才找到。这座桥建得很宽敞，到现在小汽车依然能通行。上三丫桥位于东皋村，为水泥结构，十分坚固。不过，奇怪的是桥旁边还有一座桥，这座桥建在两幢楼中间。现在长满了植物。难道这才是古老的上三丫桥？这个疑问，到现在还是没有解开。

阜城西路

新时代的发展

渔博园

在我大学选修课里，有一门课叫《赏析动物》。生物工程系的老师会教我们如何观赏鸟类、狗、猫等可爱的动物。我最喜欢的就是“观赏鱼”这个章节。观赏鱼素有“水中活鲜花”之称，如今已逐渐走进寻常百姓的生活，成为一种新的时尚和生活情趣。我家就有一池锦鲤鱼，看着它们在池中畅游，我的内心会感到平静。

近年阜沙镇建了一个中山市现代渔业博览园。2015 年 11 月 7 日至 9 日，一场观赏鱼业界的顶级赛事——中山渔博园国际观赏鱼品评会暨国际锦鲤银杯赛在阜沙镇举行，展出了很多单尾价值超百万元的锦鲤，大赛评委来自数十个国家和地区。

◇渔博园中展示着各种各样的锦鲤鱼

每年的 11 月，渔博园还同步举办一系列极具水乡特色的渔业文化嘉年华活动，涵盖特色文化展示、美食美景赏玩、休闲娱乐旅游等。像现代渔业设备展、龟鳖禾虫展、苗木奇石展和中山经典美食展等，应有尽有。

我们走进园区，来到第一个地方就是锦鲤园。这里的锦鲤非常多，色彩斑斓，美不胜收。我看到了一尾葡萄衣的锦鲤鱼，纯白的鱼身点缀着赤红和墨绿，并且其中混合点点黑色，远处看就像葡萄皮，它的名字就是这样来的吧。但是我觉得这条鱼身上的花纹更像青山和红花，有“日出江花红胜火，春来江水绿如蓝”的诗意。

我还看到了一个禾虫培育池，听负责人介绍，将禾虫进行人工养殖是一项新尝试。目前，华南师范大学已在渔博园中投资并建成繁育池 73 个。作为华南师范大学和渔博园的合作项目，华南师范大学提供技术支持，阜沙渔博园提供优质的场地，预计首批亩产达 800 斤。

“一渔推动一个产业，一渔造福一方百姓”，阜沙镇希望通过渔博园的建设推动传统养殖方式的转变及寻求渔业产业的新突破。希望在不久的将来，我们能看到更多的成果。

位置 阜沙镇阜港东路 1 号

禾虫

多分布于各地咸淡水交界处的稻田表土层里、淤泥中，繁殖时才出泥面。它们以禾为食，因此得名。禾虫生长的季节性很强，并且对水质要求极高。阜沙禾虫每年只有在农历的三月、四月和八月的初一、十五大潮时才出现。禾虫出现时，密密麻麻地浮游在河涌的水面，颇为壮观。随着自然环境的恶化，禾虫的数量越来越少，因此价格越来越昂贵。人工繁殖，利于满足市场的需求。

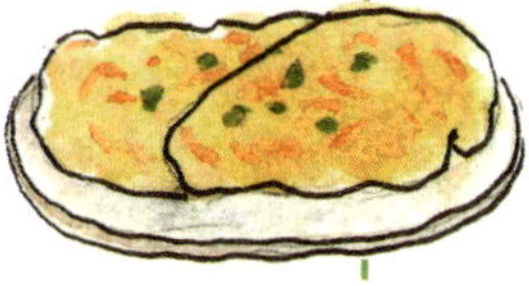

淇澳庄园

一说庄园这个词，就让我想到一部英国的电视剧《唐顿庄园》，唐顿庄园是英国旧时的贵族生活、交往的宅邸，同时又有防御外敌等作用。但是在中国，庄园的真正含义是田园房舍大面积的田庄。在中国古代，庄园是包括有住所、园林和农田的建筑组群。阜沙的淇澳庄园，建成于 2014 年 12 月，园区建设总面积 48 万平方米，是集生态采摘、鲜果销售、鲜果加工、自酿葡萄酒、苗木培育等综合性农业的示范园。

我们第一次来淇澳庄园的时候，完全被它的规模吸引了。这里有一个超级大的无花果园。听介绍人说，这个无花果园是中山北部地区最大的无花果园，此处的无花果树有一个成年人一般高，树上挂满了红彤彤的果实，看着一颗颗手掌心一样大无花果，掂一掂，竟然有一百多克呢。无花果干我是经常吃的，但新鲜无花果味道又是怎样的呢？我先来帮大家尝尝。

一捏开，皮薄肉厚，一丝丝的果肉，让人看着就很有食欲。一口咬下去，汁水立刻溢了出来，味道非常清甜，并且甜而不腻，还想吃第二个。吃完后，手上还沾留着无花果的香气。我忍不住又品尝了黄肉的青皮、红肉的紫果。同样，香气四溢，口齿回香。

◇无花果

无花果

无花果并不是不长花的果实，无花果也是有花的，只不过它的花很隐蔽，人们看不到。果子掰开以后里面发红的部分就是无花果的花。红肉上的黑点就是无花果的种子，可通过扦插繁殖。

逛完无花果园，我们来到了葡萄园。一串串紫红的葡萄鲜艳欲滴，这里的葡萄通常是用来酿葡萄酒的，葡萄酒的味道应该也是酸甜可口的吧。葡萄每年五月就会成熟，人们来这里大快朵颐，欣赏美景，心情一定很棒。

肚子饿了怎么办，那我们就去吃无花果火锅吧。看到厨师端上了一锅叶子汤。为什么有叶子？原来，这是无花果叶子，有清润解毒的作用。而且，煲过的无花果叶有一股五子毛桃般的清香。

◇无花果鸡肉火锅

话不多说，我立刻将鸡肉倒入锅中。天啊，用无花果叶子煮过的鸡肉特别鲜甜，肉质紧实又不会太硬，鲜美无比。再把新鲜无花果放进去，果肉中的甜融入汤中，比起之前品尝过的新鲜无花果，煮熟的无花果却是另一番风味。

淇澳庄园的面积非常大，这里将来还会引入更多的水果品种，让我们一起期待吧。

另外，距离淇澳庄园一百米左右的地方有一家金沙湾烧烤吧，江畔旁的烧烤，你一定没试过。约上三五知己，白天逛淇澳庄园，摘新鲜水果，晚上来江边吃着烧烤聊着天，生活岂不美哉。

位置　阜沙镇罗松村第十七组“上围地”

淋浴房产业

近年来，阜沙镇另一获得长足发展的产业就是淋浴房产业。中山市淋浴房行业协会会长向伟昌说过的“好浴房 · 中山造”已经完全深入了人心，具有良好的市场口碑。

中国淋浴房产业制造基地于 2008 年在中山市阜沙镇挂牌成立，形成淋浴房产、学、研、展、销一体化的服务体系。

为了更好地了解淋浴房产业，我走进了位于上南工业区的淋浴房产业集群中。这里的道路宽敞，鳞次栉比的厂房非常现代化，工人们正在有条不紊地用模具机器生产着淋浴雨产品。

在中山市淋浴房行业协会的引导推动下，阜沙镇淋浴房企业的品牌意识逐步增强。通过互联网 + 的优势，阜沙镇很多淋浴房企业都建立了自己的网上商店。这些产品质量都是杠杠的，据说能用十年以上呢。

进入到上南工业园的腹地，出现一群高端的灰红色建筑，这里就

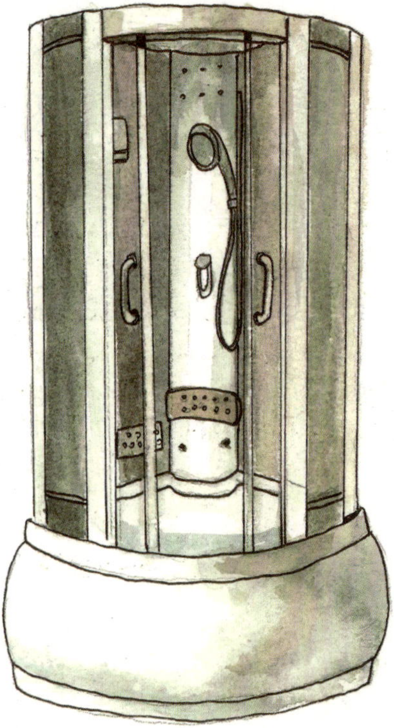

◇淋浴房

是皮阿诺中国公司。2002 年 5 月，皮阿诺落户阜沙工业园，顺应低碳生活的潮流，研发创新厨卫。

还有圣莉亚洁具有限公司，这是中国淋浴房十大品牌之一，其产品集淋浴房的设计、开发、制造、销售于一身，为中国淋浴事业贡献力量。

位置 上南工业区内

时光里的记忆

我对于阜沙镇的很多美好记忆，都定格在童年。童年仿佛一架纸飞机，无忧无虑；童年仿佛一粒星星，娇颜稚嫩；童年仿佛一张旧相片，回味无穷；童年仿佛一双眼睛，天真无邪；童年仿佛一株新发的小草，欣欣向荣。

关于外公外婆家

小时候我住在外公外婆家，从那时开始我就养成了下午 5 点吃晚饭，晚上 8 点半准时睡觉的习惯。

每到下午 4 点钟，我都会帮外婆打下手做饭。这里的灶台还是原始的柴火灶，由砖砌成，在灶孔放入柴火。柴火的控制非常关键，要是火太旺了菜就会烧焦了。所以我就被外婆分配过来看着柴火，你们可以叫我“伙夫 Wan”。寒冷的冬天，在炉子前烤一下非常暖和，可是在夏天，在厨房多待一分钟都会热得受不了呢。

灶台上还会放一个“定福灶君”，寓意丰衣足食。

◇灶台旁边的定福灶君

吃饱饭后，我喜欢在门口坐着休息。邻居家有只非常可爱的小猫咪，吃完饭后也会跑出来和我一起玩呢。

偶尔会和外婆走到小卖部，买几毛钱酸酸（腌渍即食水果或蔬菜），散步到桥头，坐上半个小时，感受乡村夜晚的宁静。星星闪亮，微风清凉。

◇外公外婆家

关于幼儿园

我幼时就读于阜沙镇中心幼儿园，每天都是最早到校的学生，因为我习惯早晨 5 点起来跟着外公去吃早餐，等到 6 点多的时候，外婆就会推着小三轮来粥馆接我去上学。车里面放张小板凳，我就坐在小板凳上面。

放学时一般是舅舅来接我的。他那时还是初中生，载着胖乎乎的我，骑车一定很吃力吧。舅舅还经常带我去幼儿园旁边的电影院门口买豆腐花吃。那个老奶奶的豆腐花最好吃了，五毛钱一碗（现在卖两块），每次我都要加很多很多的糖水呢。老奶奶在这里卖豆腐花已经将近三十年了。我已经忘记第一次吃这碗豆腐花的兴奋劲，但是忘不了老奶奶对我说过的话：只要我还有力气，我就会在这里等你们。现在，舅舅偶尔还会带我去吃豆腐花。

◇我儿时就读的阜沙镇中心幼儿园

◇舅舅和外婆接送我上学用的三轮车

幼儿园旁边的电影院，是阜沙第一间电影院。妈妈说，当年门票只卖两毛钱一张，但是直到电影院倒闭，她都没进去过一次。我就幸运得多了，幼儿园毕业的时候我们就在电影院里面作毕业表演。阶梯式的影院，木制的凳子，对于第一次进影院的我来说是新奇的。那一次表演后，我也没有再进过阜沙电影院。

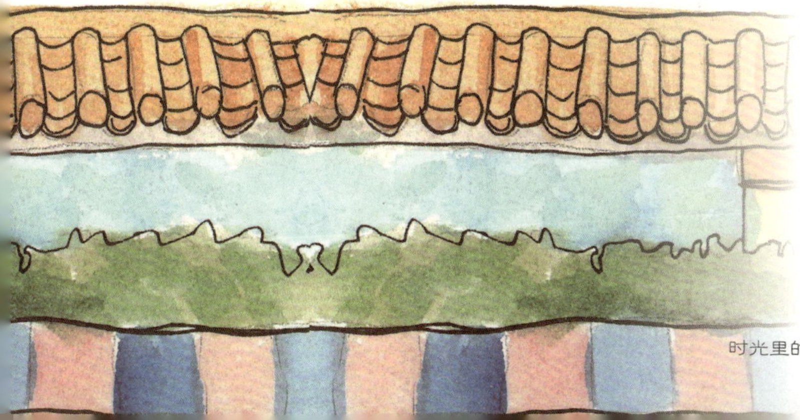

◇曾经的阜沙电影院如今已不复存在了

◇在幼儿园旁卖豆腐花的老婆婆

◇老婆婆卖的豆腐花美味极了

关于二伯家

每逢周末的时候，我都喜欢跑到二伯家去。在去二伯家的路上会经过一个花木场，每天傍晚花农都要为树木浇水。水阀打开后，向空中喷射大量的水雾，傍晚落日的余晖照射在水汽上会折射出一道道彩虹，异常美丽。

◇二伯家

◇墙角长满了野草

◇去二伯家的路上经过的花木场

◇在去二伯家的路上经过的老房子

在二伯家我总能找得到很多好玩的事情。夏天是苹婆的成熟季节，二婶总是带我去采摘苹婆。苹婆树通常高三四米，二婶用竹钩钩住嫩枝，稍加旋转，苹婆就被钩了下来。这时我便兴奋地将掉落在地上的苹婆果捡进竹篓。那时我们经常能吃上苹婆焖鸡、苹婆猪骨粥等美味。新鲜采摘回来的苹婆需要先在盐水里煮熟，这时，我早已经等不及了，早早就开启了吃货模式，空着口就吃了很多苹婆果。自家种的果实就是个大味美，吃完了也不怕，树上还有呢。

◇将苹婆果剥开后，取出金黄的果肉

◇刚采摘下来的苹婆果，像极了凤凰的眼睛

萍婆果

苹婆，又称“凤眼果”。常绿乔木。叶长椭圆形。初夏开花，花萼粉红色。果实外面暗红色，内面漆黑色。种子黑褐色椭圆球形，可食用，脱衣后呈黄色，种子煨熟的味道如栗子。

下面再给大家用五个步骤介绍一下我家苹婆焖鸡的做法。这可是我最喜欢的一道农家菜哦。

1、 往苹婆果上划一小刀，在盐水里煮上 20 分钟。划开的苹婆更容易剥落哦。

2、 走地鸡切块用油、盐、葱、姜、蒜、料酒等腌好。另外取两厘米长的姜块，拍一下，让姜块容易散味。

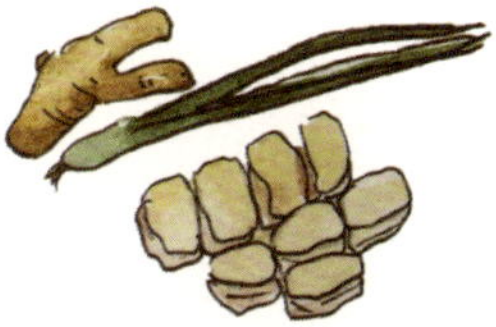

3、 热锅凉油，下姜块煸出香味。将走地鸡倒入锅中，让每块肉平均受热。先不要急着翻炒，将鸡油煎出来并两面呈金黄色，再翻炒。

4、 加入苹婆果翻炒。加入适量水、蚝油、糖，大火翻炒。汁快收干的时候沿锅边浇入米酒，盖上锅焖五分钟。

5、 揭开锅，一阵阵酒香味散发出来，再翻炒片刻，出锅。

◇炸泥塘

吃货 Wan 你们见识过了，“熊孩子” Wan 你们见识过没？二伯家附近有很多同龄小伙伴，我们经常相约去“炸泥塘”。

我们总能在小卖部买到五毛钱一包的小鞭炮。每个周末我们都会约上小伙伴，来到泥塘边玩耍。雨后或者蓄水期间，泥土是松软的，这个时候点燃一个鞭炮扔下去，鞭炮陷进泥里面，炸开的力量会带起一堆泥土和水渍。看着泥土被炸开，我和小伙伴就会很开心。别看我是女生，我可是“熊孩子”中的佼佼者。有一次因为泥土过于松软，三米开外的泥也炸到我身上了。我带着一身泥渍回去找二婶，被二婶笑话了很久。

关于水闸、围水

阜沙镇被河流围绕着，大小支流交错纵横，小支流和大支流之间必定有水闸。这个水闸的作用是非常强大的，闸门能控制河水流量和调节内河水位高低。关闭闸门的时候可以拦洪、防止江水倒灌，还可以抬高内河水位，以满足灌溉、航运、养殖等需要。开启闸门，可以泄洪或者排泄废水。直至今天，还有很多水闸在服役。

外婆家前面就有一个下三丫水闸，以前我就很喜欢在水闸边钓螃蜞。如今水闸已经废弃了，但我每次经过时都会停下脚步去看看水闸缝隙里有没有螃蜞。

◇横迳河上的围堤

在三姨父的带领下，我还去过南强水闸，这个水闸是中山市不可移动文物，现在还在运作。每当关闸的时候，都能吸引很多喜欢钓鱼的朋友来这里垂钓，而且附近的村民也会在这里撒网捕鱼。要是傍晚遇上好天气，这里绝对是拍照的圣地。

我小学的时候还会骑着单车去围堤玩。顺着横迳河往下游走，就能到达围堤。到达围堤后，前面是小榄水道，左边是港口镇，右边便是东凤镇。

围堤是一条堤岸，防止小榄水道的水倒灌进横迳河，水道边还种了水杉，防止河水侵蚀堤岸。在上南村至围堤的附近，有一个滨涌渡口，从这里可以坐渡船到对岸东升镇坦背村的滨涌。之前我就带着小球去体验过搭渡船。人、自行车、摩托车都能通过渡船过江，无论是以前还是现在，都给附近居民带来很大的便利。

这条围水上面有好几个水闸，每个水闸的风格都不一样，但共同特点都是旁边有个小房子控制水闸的开关。

夕阳西下，开着车吹着江风看着日落。或许你还能将车停下来，看着船来船往，好心情会随之而来哦。

滨涌的名字来历

沙田话中小河流读作涌。曾经在渡口对面的坦背镇（现已并入东升镇——编者注），有个水厂，通过水闸的开关控制小涌水量来满足居民饮用水需要。长此以往，水闸前面的围堤被冲破，形成崩堤。所以这个地方被称为“崩涌”。沙田话的“崩”与“滨”音相似，为用字文雅将此地名改为“滨涌”。而在这建成的渡口，就称为“滨涌渡口”。

关于阜沙镇最高的建筑

从阜沙大酒店到现在的阜沙国贸逸豪酒店，阜沙最高的建筑依旧是酒店。小时候觉得阜沙酒店真的好高，要是能上去住一晚该多好啊。但没等我进去住，它就结业了。后来阜沙国贸逸豪酒店出现，我依然有浓浓的好奇心。

首要印象是里面波士顿餐厅的下午茶和自助餐很好吃，其次登上最高层，能看到阜沙的夜景。夜幕降临，掩不尽繁华。

◇阜沙国贸逸豪酒店是如今阜沙镇最高的建筑

后记

有一个地方只有我知道

这本书前前后后几乎用时两年。写这本书实属不易。我是阜沙人，但是在外面读书，只有周末、假期才会回来。而负责绘画的小球是石岐人，对阜沙的了解更多地来源于我们的交谈。经过漫长的采风、走访，我们合作完成了《Hello，阜沙》。

写这本书，完全是一个偶然。小球从小学美术，擅长绘画。而我，就是一个普普通通的文科生，偶尔走走文艺风。我们在偶然中了解到广东人民出版社中山出版有限公司在出版“Hello，中山”手绘漫画系列图书，于是，我和小球一拍即合，成功应征入围。

感谢广东人民出版社中山出版有限公司给了我们这个机会，感谢一直陪伴我们的责任编辑、美术编辑，没有你们，《Hello，阜沙》就没有机会出版。

感谢采风过程中一路支持我们的亲戚朋友、居民百姓，这本书的内容更多来源于风土人情，来源于淳朴的民风。

感谢小球，描绘出美丽的阜沙，让我们共同完成了这本书。

然后，在后记，我还想写一下我的外公，一个对这片土地爱得深沉的农民。

有一个地方，只有我知道。那是外公的菜地。

我的外公，身子被阳光灼得黢黑，脸庞上是纵横的皱纹。无论刮风下雨，他都会拿着锄头，往菜地走。对他而言，那片菜地很重要。

外公到了菜地后，都会习惯性吸上一根烟。在抽这根烟时，他不会说话，不会干活，只是静静地坐着。他在想什么呢？孩子们工作顺利吗？孙子们学习还好吧？这些，都有可能吧。

接着，外公就开始干活了。首先锄地，把昨天大雨浇透的泥土整理好后，撒上一些葱种子。要是长得好，过年的时候能卖个好价钱。

只见外公弯着腰，汗水不断地从额头上淌下来。

然后又去给生菜浇水了。他熟练地用花洒把水舀起，然后浇到菜上。这片生菜田很大，要把地浇透需要近一个小时。

每到这个时候我都想上前帮忙，然而每次外公都会把我推开，说：“女孩子干什么粗重活，回去吧。”

太阳当空照，我让外公回家休息。外公会说：“太阳这么大，快回去。”

外公总在宠爱着孙子，不让我们再沾一点农活，觉得我们渐渐在脱离农村的标签，不希望我们再回归到这片土地上。

外公年纪大了，我们总会和他说，别去干农活了。但是外公说，要是不干活，他就会走不动。是啊，对于一个农民来说，不下地，所有的生活轨迹都会改变。人会变得无所事事，就会胡思乱想，人更容易生病。我和家里人都希望外公能干少一点活，别把自己整太累了。我们都长大了，能照顾自己的。

现在外公种的菜，已经很少拿到菜市场上卖了。通常情况下，周末我们回外公家，外公装好一袋一袋蔬果瓜菜，让我们带回去。他知道，这些都是健康无农药的蔬菜，小孩子要多吃点。

长辈们对我们一心一意的好，要谨记。

这一个地方，只有我知道：外公的菜地。